The Psychology of Problem Solving

The Background to Successful Mathematics Thinking

심리로 접근하는 문제해결

: 성공적인 수학적 사고의 배경

Alfred S. Posamentier 지음
Gary Kose
Danielle Sauro Virgadamo
Kathleen Keefe-Cooperman

김인수 옮김

KYOWOO

저자서문

우리는 끊임없이 진화하는 디지털 세상에서 손쉽게 많은 디지털도구를 사용하여 문제해결에 다양하게 접근할 수 있다. 레스토랑 직원에게 줄 팁을 결정하는 간단한 일이든, 또는 휴가갈 곳을 결정하는 약간 복잡한 과제이든, 손쉽게 디지털도구(예: 계산기 또는 여행 사이트)를 사용하여 답을 구할 수 있다. 디지털이나 전자도구는 문제를 해결하는데 편리한 방법을 제공하지만, 이러한 문제는 종종 우리가 문제해결을 회피하는 사례라고 할 수 있다. 이런 회피는 수학 영역에서 자주 볼 수 있다. 많은 사람들에게 문제해결의 회피는 일찍이 학생시절 마주했던 어려운 수학문제로부터 시작되어 일생동안 습관적 회피패턴으로 확장된다. 이 회피패턴이 문제해결과제 자체를 실제보다 더 주눅 들게 한다.

이 책의 저자들은 문제해결의 심리에 대한 설명에 목적을 두었다. 포사멘티어(Alfred Posamentier)박사는 학생들이 수학에 대하여 참된 이해를 하고 문제해결기능을 잠재된 것까지 개발할 수 있도록 돕자는 열망과 수학에 대한 사랑을 동기로 지니고 있는 수학교육자이다. 코스(Gary Kose)박사, 비르가다모(Danielle Sauro Virgadamo)박사, 그리고 키피–쿠퍼만(Kathleen Keefe–Cooperman)박사는 사람들이 문제해결에 관한 어려움과 불안을 인지적으로 그리고 행동적으로 어떻게 전개하는지 알고 있는 심리학자이다. 어렸을 때 효과적이지 못한 사고패턴을 시작한 학생들은 시간이 흐르면서 고착된다. 코스박사와 비르가다모박사는 인지적 어려움에 기인하는 심리적 요소뿐 아니라 문제해결의 역사적 배경까지 제공한다. 이러한 사고패턴은 수학문제가 주어지거나 문제상황에 직면했을 때 인지적으로 또는 감정적으로 "폐쇄"되거나 압도되게 하는 사고방식의 단초가 된다. 책 전반에서 문제해결기능을 개선하도록 연습문제뿐 아니라 성공적 해결에 필요한 인지적 전략을 함께 제시하였다. 또한 어느 문제를 정확히 풀었고 어디에서 어려움이 발생했는지 분석할 수 있도록 해답을 제시하였다. 연습문제는 간단한 것부터 상당히 어려운 것까지 제시하였지만, 실수로부터 배우려는 의지가 더 우수한 문제해결자로 만들어 준다.

이 책은 독자가 문제해결의 역사를 이해하는 데에도 도움을 주려고 하였다. 오늘날 학생이 대수시험을 치를 때와 똑같이 수세기 전 사람도 수학문제로 고통스러워했다는 사실을 미처 생각하지 못한다. 문제해결의 어려움을 말해주는 오랜 역사적 문헌이 있지만, 이런 옛 문헌은 대부분 정확한 해법에 이르는데 집중했기에 오늘날에 이르기까지 문제해결에 수반되는 심리적 과정을 제대로 이해하지 못했다. 문제해결의 역사를 개괄적으로나마 검토해 보면 문제해결에 관한 새로운 사고방식을 습득하는데 길러야 할 기초를 알게 될 것이다.

이 책의 많은 부분이 이러한 복잡성을 명확한 단계로 제시하여 풀 수 있도록 여러분의 능력을 개선할 수 있는 전략에 집중되어 있다. 저자들은 제1장의 역사적 전망에서부터 시작하여 제2장 문제해결의 전략에 이르기까지 그리고 해법의 발견을 방해하는 요인을 이해하는 것까지 다룬다.

흔히 많은 사람이 문제해결에 착수하기 전에, 전략적 방법을 생각하기 위한 잠깐 멈춤을 하지 않는다. 그래서 이 장에서 문제해결에 적용할 수 있는 그런 기술과 실습할 연습문제를 제공하였다.

제3장에서는 나아가 이러한 실천적 방법을 학습에 사용하는 법을 이해하게 할 목적으로 알고리즘과 발견법의 개념에 대하여 탐구하였다. 문제해결에 접근할 때 발생하는 사고의 왜곡이 성공에 주된 장애들이다. 일상생활에서 적용하는 인지적 거짓의 유형을 이해하는 것이 문제해결기술을 개선하는 열쇠이다. 제4장에서는 성공적인 문제해결을 방해하는, 일상생활에서 뜻하지 않게 통합되는 인지적 장애와 정의적 장애에 대하여 이야기한다. 불안이 안락함을 떠나 새로운 문제와 맞서 싸우려는 의지에 얼마나 심각한 영향을 주는지에 대한 참된 인식이 없이 일상적인 단어로 던져지고 있다. 특정한 기술의 중요성이나 유용성에 대한 이해를 못했을 때 종종 일어나는 무관심에 대한 감정에 대해서도 똑 같다. 이 장에서는 독자에게 가능한 실패를 맞닥뜨려 보려는 의지를 갖도록, 이러한 감정을 극복하는데 필요한 도구를 제공한다. 우리는 독자가 문제해결에 성공하기 위해 기꺼이 실패하는 의지에 대한 개념을 인정하도록 도움이 되기를 희망한다.

그런 다음 독자가 더욱 정확하고 효과적으로 문제를 해결하는 능력을 개선하는데 도움이 되도록 집중된 주의력과 작동기억의 영역을 이해하는 것을 다룬다. 이러한 전략은 제5장에서 더욱 실제적인 연습문제와 함께 제시하였다. 문제해결을 지연시키는 요인에 대하여 알아내고 그런 문제에 실제로 맞닥뜨려 보는 것은 평생 동안 더 나은 문제해결자가 되는데 중요한 열쇠중 하나이다. 마지막 장은 직관적 사고와 신중한 사고의 개념에 초점을 두었다. 이 두 사고방식에 대하여 충분히 이해를 하면 판단에서 오류를 줄이고 일상생활에서 마주하는 문제들을 다루는 능력을 개선할 수 있다.

수학에 대한 두려움과 문제를 효과적으로 해결하지 못하는 것은 단 한 가지 방법에 고착되지 않는다. 인간은 복합적이기 때문에 일상생활에 대하여 우리가 어떻게 생각하느냐는 많은 시간이 흐르면서 발달된 사고와 감정의 결합으로 형성된다. 이 책은 독자에게 문제를 해결하는 능력에 부정적인 영향을 주는 여러 인지적 과정에 대한 이해와 이러한 효과적이지 못한 패턴을 극복하는데 실행할 수 있는 새로운 사고방식을 제공한다. 여러분은 각 장에 주어진 연습문제로 문제해결기능을 실습할 많은 기회도 갖게 될 것이다. 진실로 여러분이 더 우수한 문제해결자가 되도록 이 책이 여러분의 이해를 돕는 좋은 도구가 되기를 바란다.

역자서문

우리는 학교시절 수업시간에 특히 수학시간 같은 때 문제해결이 중요하다고 배우고 문제해결을 잘하는 학생을 보면 특별한 재능이 있다고 부럽게 생각하곤 한다. 그런데 문제해결은 수학시간이나 학교 교과시간, 또는 시험에서만 하는 것이 아니다. 문제해결은 생활의 한 부분이며, 살아가는 인생의 전 과정이 어느 면으로는 문제해결의 연속이라고 할 수 있다.

살아가며 마주치는 대부분의 문제들은 일상적이거나 큰 심리적 부담 없이 감당할 만하고, 특별한 노력이나 전략을 사용하지 않고도 해결할 수 있다. 그러나 가끔은 심리적 압박과 함께 많은 노력과 전략이 필요한 복잡한 문제도 피할 수 없이 마주치게 되고 해결해야만 한다.

사람들은 빈번히 마주치는 중요한 문제들을 보다 효율적이고 쉽게 해결하기 위해서 숙달된 문제해결능력을 갖추기를 바란다. 그런데 우수한 문제해결자라고 해서 초보자보자 더 많은 사실이나 정보를 가지고 있는 것은 아니다. 그들은 고차적 패턴에 초점을 맞춘 다른 타입의 지식을 가지고 있는 것이다.

또한 우리의 인생은 크고 작은 선택으로 가득 차있다. 때로는 제한된 정보로 목표를 분명히 알지 못한 채 의사결정을 해야 한다. 그런데 인간은 생각만큼 의사결정에 합리적이지 못하다. 살면서 최선의 선택을 원하지만 의사결정은 선택의 효율성과 유용성에 의해 이루어지지 못하고 프레이밍과 정서적 오류 때문에 최선의 선택을 하지 못하는 경우가 많다.

인생을 성공으로 이끄는 과정에 문제해결을 잘하고 최선의 의사결정을 하는 것이 중요하다는 데 이견을 말할 사람은 없다. 대신, 어떻게 하면 문제해결을 잘 할 수 있으며 최선의 선택을 할 수 있는지 그 방법이 궁금하고 그렇게 할 수 있는 최선의 능력을 습득하고 싶을 것이다.

역자는 40년 가까이 중등학교와 대학에서 수학을 가르치고, 20년 가까이 수학영재아들을 지도하면서, 학생들의 수학문제해결능력을 향상시킬 수 있는 방법과 전략에 관심을 가져왔다. 처음에는 인지적인 면으로 지적능력의 배양을 중요하게 보았다. 그러나 점차 심리적인 측면이 문제해결에서 지적요소 못지않게 문제해결능력에 영향을 주고 있음을 깨닫게 되었다.

문제해결에 필요한 심리적 요소는 행동을 제어하고 문제를 효과적으로 풀 수 있게 하는 복합과정이다. 이들은 주의조절, 작동기억, 사고의 유연성, 인지적 억제, 계획 등이다. 이들 기능이 우수한 문제해결을 유도한다. 그리고 우리의 결정은 감정의 영향을 강하게 받는다. 우리는 결정할 때 직감과 감정을 과대평가하고 사고의 왜곡된 편향에 영향을 받는다. 이성을 흩트리고 실수를 유발하는 심리학적 측면이 있다. 문제해결에 대한 불안을 느낄 때, 실패에 대처하는 일도 어렵다. 또한 해법의 핵심은 발견인데, 해법을 얻는 경로를 스스로 찾아내려면 문제공간을 탐구할 시간이 필요하다. 그러나 학교 교과과정에서는 이것이 어렵다.

이 책의 저자들은 수학을 전공하고 오랫동안 대학에서 뛰어난 강의로 명성을 얻으며 학생들의 문제해결향상에 많은 성과를 이룬 수학교육학 교수와, 심리학을 전공하고 대학에서 임상심리학을 지도하며, 문제해결과 관련된 여러 가지 심리프로젝트를 수행해 온 교수들로서 문제해결의 이론과 실제에 전문적 지식을 지닌 학자들이다.

저자들은 이 책에서 문제해결의 역사를 간략하게 살펴본 다음 문제해결의 심리에 대하여 분석하고 종합적으로 설명하였다. 문제해결을 개선하는 인지적 전략과 함께, 해법의 발견을 방해하는 요인, 문제를 해결하는 능력에 부정적인 영향을 주는 패턴을 극복하는 사고방식, 인지적 장애와 불안을 극복하는 방안, 주의 분산을 방지, 회피하는 심리적 전략과 행동적 전략, 자신의 능력을 개선할 수 있는 전략 등을 설명하며 우수한 문제해결자가 될 수 있는 심리적 처방을 제시하였다.

이 책에서 제시하는 전략들은 이미 알고 있는 것도 있고, 대수롭지 않게 생각하거나 미처 생각하지 못한 것도 있을 것이다. 그러한 전략들이 왜 중요한지를 이 책을 보면 알 수 있고, 효율적인 실행방안도 알게 된다.

이 책은 중등학생이나 대학생 가운데 문제해결에 어려움을 느끼거나 자신이 없어 불안해하는 학생들에게 자신감을 주고 문제해결에 효율적으로 대처하여 문제를 훌륭히 해결하도록 하는데 적절한 길잡이가 될 것으로 보이며, 특히 문제해결을 지도하는 교사들에게도 도움이 되리라고 생각한다.

끝으로 이 번역서가 나오도록 해주신 ㈜교우 오판근사장님과 남궁양 부장님, 이소정님을 비롯한 편집부 여러분께 감사드린다.

옮긴이 김 인 수

차례

CHAPTER 03 판단, 추론, 그리고 결정 / 69

CHAPTER 04 무관심과 불안 대 동기부여와 자신감 / 95

CHAPTER 05 주의와 건망증 대 주의집중과 작동기억 / 119

CHAPTER 06 순방향 사고와 역방향 사고: 직관적 사고와 신중한 사고 / 149

CHAPTER 00

The Psychology of Problem Solving

들어가며

문제해결은 일상생활의 한 부분이다. 식당에서 비용을 나누거나, 운전할 때 교통 혼잡을 피할 빠른 길을 찾거나, 파티에서 모두에게 충분할 만큼 음식을 주문하거나, 가구를 배치하거나, 집안을 장식하는 것과 같이 매일매일 수많은 문제를 해결한다. 대부분 이런 문제들은 감당할 만하고 큰 정신적 노력이나 불안 없이도 해결할 수 있다. 그러나 일정표를 세우고 그에 따르거나, 직장이나 학교에서 마감시간에 맞추거나, 자금을 관리하는 등 여러 단계를 수반하는 더 복잡한 상황의 문제들이 어쩔 수 없이 있다. 어떤 사람은 그런 복잡한 문제를 훌륭히 해결해 내지만 이러한 상황은 보통 보다 더 도전적이라고 여기게 된다.

매일같이 일어나는 중요한 문제들을 보다 쉽게 해결하기 위해서는 문제해결에 숙달되는 것이 중요하다. 또한 강력한 문제해결기술은, 학생시절에서부터 직장에 다닐 때까지 그리고 그 후로도 사람들에게 높이 평가받는다. 우리는 어릴 때부터 수학과 문제해결기술이 중요하다고 배운다.

우리들 대다수가 이 두 분야가 중요하다고 생각하면서도, 그 기술이 다르기 보다는 훨씬 닮아있다는 선천적 유사성을 인식하지 못하고 있다. 수학은 문제해결에 핵심적 요소다. “수학에서 우수한” 어린 학생들은 흔히 특별반으로 배당되고 그들의 기능을 존중받는다. 어린 학생들의 학습에서 이런 특별반은 다른 교과에서는 드물다. 때로 독서에 있지만, 사회나 과학에서는 거의 없다. 이 사실은 직장에서 그리고 생애를 통해서 오래 지속된다. 중요하고 때로는 인생이 걸린 문제를 해결할 수 있는 사람은 “문제해결가”로서 그리고 “재사”로서 존경을 받는다.

인생에서 성공하는 길이 문제해결이라고 강조하면 많은 사람이 묻는다. “어떻게 하면 우수한 문제해결가가 될 수 있어요?” 어떤 사람은 저절로 수학과 문제해결에 익숙하고 자기 능력에 자신이 있다. 또 어떤 사람은 수학과 평생 동안 몸부림친다. 대부분 사람들은 그 중간 어딘가에 있다. 그렇다면 이 차이는 어디에서 오는 걸까? 우리는 수학을 잘 하거나 못하는, 그래서 문제해결도 마찬가지로, 유전적 성향이 있는 것일까? 이런 능력에 우리가 자신이 있다거나 없게 되는 것을 유전학으로 알 수 있을까? 아니면 문제해결을 잘하는 능력이 학습가능한 행동인가? 진실은, 어떤 사람은 수학과 문제해결에 뛰어나고, 어떤 사람은 그것과 몸부림치는지에 대한 분명한 그림을 우리는 언제나 갖고 있지 않다는 것이다. 지적능력이 문제해결에 기여하는 요소지만, 수많은 심리적 요소 역시 문제를 해결하는 능력에 영향을 준다. 문제해결에 중요한 몇 가지 요소를 실행기능이라고 하는데, 행동을 제어하고 문제를 효과적으로 풀도록 돕는 복합과정의 집합을 말한다. 몇몇 중요한 실행기능은: 주의조절, 작동기억, 사고의 유연성, 인지적 억제(자기조절의 한 형태), 그리고 계획이다. 강력한 실행기능 기술이 더 우수한 문제해결을 유도하기 때문에,

문제해결이 인생에서 필수적인 부분이므로, 더 우수한 문제해결가가 되기를 바란다면 이들 핵심적인 실행기능을 강화하는 일에 집중해야 한다.

여러분은 이 책이 위에 열거한 실행기능에 목표를 두고 있다고 생각해도 좋다. 실행기능에 더하여 다른 심리적 요소들도 문제해결 능력에 영향을 준다. 이 책에서는 먼저 문제해결의 간단한 역사를 제시하고 그런 다음 문제해결을 방해하는 몇 가지 가장 일반적인 심리적 요소를 목표로 한다: 문제에 대한 잘못된 해석 또는 과도한 복잡화, 경직성, 수학불안, 부주의, 태만, 그리고 충동성. 이러한 요소와 함께 그들의 대응적 요소인, 문제의 명료성과 조직, 인지적 유연성, 자신감, 주의집중, 작동기억, 세심한 계획에 대하여 검토할 것이다. 나아가 이러한 인지적 강점과 약점이 우리의 의사결정과 문제해결에 어떻게 상호작용하고 영향을 주는지 논의할 것이다. 그리고 필요한 원리를 독자가 활용할 수 있도록 수학과 일상생활에서 공통적인 예제와 각 문제에 뒤섞인 심리적 요소를 제시할 것이다.

이 책은 자신이 "수학은 못 한다"는 고정된 신념을 가진 독자와 심리학적 원리를 활용하여 자기 두뇌를 훈련함으로써 문제해결기술을 개선하는데 관심이 있는 독자 양 쪽을 목표로 설계하였다. 핵심적인 심리적 요소가 문제해결 능력에 얼마나 철저하게 영향을 주는지 설명함으로써 문제해결능력은 선천적으로 타고난다는 사람들의 생각에 도전한다. 수학문제와 논리적 문제로 몸부림치는 사람들에게 자신감을 주고 그들이 마주치게 될 미래의 문제에 접근할 때 수학과 논리의 열렬한 지지자로서 새로운 관점을 갖게 되기를 바란다.

CHAPTER

01

The Psychology of Problem Solving

문제해결의 역사

사람은 문제를 해결하는 동물이다. 아리스토텔레스는 인간을 **준 로기콘**(Zoon Logikon)이라 정의했는데, 이 말은 이성적 동물(rational animal)이라고 번역할 수 있다. 하지만 그 시대에 이성(rationality)을 명확히 정의할 수는 없었을 것이다. 그리고 사람이 이성적 동물이라는데 대하여 인류 문명의 발달과정을 보면 오랫동안 흥미를 가졌던 게임, 미스터리, 퍼즐의 역사보다 더 좋은 증거가 있다. 역사가 기록된 이래로 아니 그보다 훨씬 전부터 사람들은 단순히 유능한 사람으로서 훌륭한 문제해결자가 되는 것을 넘어서, 문제해결에 매료되고 문제해결 자체를 즐겼다. 이런 활동은 완화가 필요한 긴장을 일으킨다. 비극을 보거나 큰 미스터리를 풀거나, 도전적인 문제를 해결함으로써 얻는 정서적 안도감, 즉 **카타르시스**(carthesis)를 얻는다. 고대 오이디푸스 전설에 나오는 스핑크스의 수수께끼는 인간이 문제해결에 매료됨을 보여주는 역사적인 예다. 머리와 가슴이 여자인 스핑크스는 사자의 몸에 새의 날개를 가진 괴물인데, 테베로 가는 사람을 붙잡아 놓고 수수께끼를 낸다: "발이 아침에는 넷, 낮에는 둘, 황혼에는 셋인 것이 무엇이냐?" 수수께끼를 풀지 못하면 사람이 죽어야 하고, 정답을 말하면 스핑크스가 죽는다. 오이디푸스가 정답을 말한다, "사람은, 아기 때는(인생의 아침) 네 팔다리로 기어 다니고, 성인이 되면(인생의 낮) 두 다리로 똑바로 서서 걸어 다니고, 늙어서는(인생의 황혼) 지팡이를 짚고 다닌다. 바로 이것이 과거와 미래의 비극적 수수께끼를 해결하지 않는가."

또 미궁을 만들어 그 안에 인간의 몸에 황소머리와 꼬리를 가진 반인반우 괴물인 미노타우루스를 가두고 아테네 사람들에게 잃은 아들의 복수를 하는 미노스왕을 생각해 보자. 그는 해마다 아테네의 젊은 남녀 14명을 미궁 속으로 빠뜨렸다. 테세우스가 빠져나오기 전까지 아무도 탈출하지 못했는데, 테세우스는 미노스왕의 딸 아리아드네의 도움으로 미궁에 들어가 마노타우루스를 죽이고, 들어갈 때 풀어놓았던 실을 따라 쉽게 미궁을 빠져나왔다. 이 같은 판타스틱하고 신화같은 모험은 현실성이 있지는 않지만 사람의 경험보다 더 강조된 실제로서 감성과 이성을 함께 일깨운다.

역사가 기록된 옛날 서적에는 게임과 퍼즐, 그리고 문제가 많이 수록되어 있다. 현존하는 가장 오래된 문헌 중 하나인 《아메스 파피루스》는, 이를 기록한 이집트 서기관 이름이라고 알려진 수학퍼즐선집이다(1858년 이것을 구입한 스코틀랜드 골동품전문가의 이름을 따라 《린드 파피루스》라고도 한다). 이 파피루스는 고대도시 테베 근처 폐허에서 발견된 것으로 기원전 1600년 경 기록된 익명의 저작이다. 도전적인 문제 84개가 수록되어 있다. 산술, 기하, 대수문제와 넓이계산을 할 표와 함께, 분수 변환, 그리고 측정에 관한 정보를 포함한 일차방정식 문제들이다. "정확한 계산,

그것은 모든 존재와 알 수 없는 비밀에 대한 지식의 입구"라는 경구로 시작한다. 정확한 계산이 성공적 문제해결을 위한 핵심임을 가르치는 실용적 교범이 목적이었던 것으로 보인다. 문제 중 일부는 아메스와 관련 없는 세계 다른 곳의 언어에도 나타난다. 적절한 질문 없이 목록만으로 제시된 문제가 하나(79번 문제) 있다:

집	7
고양이	49
쥐	343
밀이삭	2401
홉	16807
재산	19609

이 문제는 오늘날 피보나치(Fibonacci, 1170–1250)라고 알려진 이태리의 수학자 레오나르도 피사노의 저서 《**산반서**(Liber Abaci)》에도 문제로 나오는데, 그는 7의 제곱을 한 번 더 추가했다:

> 일곱 명의 노파가 로마로 간다. 노파들은 각각 일곱 마리의 노새를 끌고, 각 노새는 일곱 개의 부대를 등에 지고 있는데, 각 부대에는 일곱 개의 빵덩어리가 들어 있고, 각 빵덩어리에는 일곱 자루의 칼이 있으며, 각 칼에는 일곱 개의 칼집이 있었다. 노파, 노새, 부대, 빵덩어리, 칼, 칼집을 모두 합하면 얼마인가?

이 문제에는 머릿속에 7의 연속적인 거듭제곱인 7^1, 7^2, 7^3, 7^4, 7^5, 7^6이라는 특정한 수의 개념이 들어있고, 마지막 수는 이들의 합이다. 이 문제의 또 다른 형태가 18세기 영국 동요에 나온다:

내가 세인트 아이브스로 가면서,
일곱 아내를 거느린 남자를 만났네,
각 아내는 일곱 개의 부대를 들고 있었고,
각 부대에는 일곱 마리의 고양이가 들어 있는데,
각 고양이는 일곱 마리의 새끼를 데리고 있었네,
아내, 부대, 고양이, 새끼 고양이,
모두 얼마나 세인트 아이브스로 가고 있을까?

동요에서 "얼마나 세인트 아이브스에서 오고 있을까?"라고 묻지 않고, "얼마나 세인트 아이브스로 가고 있을까?"라고 묻는 데에 함정이 있다. 말하는 사람만 세인트 아이브스로 가고 있고, 다른 것은 모두 그곳에서 오고 있는 것이다.

고대 수록집의 다수가 교육을 목적으로 한 것이었다. 알렉산드리아의 수학자 디오판투스(Diophantus, 200-284)의 저서 《산학(Arithmetica)》은 대수방정식을 가르치기 위한 퍼즐로 이루어져 있다. 《그리스 사화집(Greek Anthology)》은 수수께끼, 시, 아메스 파피루스에 있는 것과 유사한 수학퍼즐을 모은 선집이다. 알쿠인(Alquin, 735-804)의 《정신에 활력을 주는 문제들(Problems for Sharpening the Young)》(샤를마뉴의 후원)과 무하마드 이븐무사 알 콰리즈미(Muhammad ibn Musa al-Khwarizmi, 1048-1123)의 《복원과 축소의 계산(Calculation by Restoration and Reduction)》은 대중들을 위한 것이다. 13세기에 그러한 서적은 흔했는데 그 중 피보나치가 저술한 《산반서》(1202)가 가장 유명했다. 피보나치는 약 50년 후 유럽전역에서 일상적으로 사용하게 될 인도-아라비아 수체계를 사람들이 재미있게 배우도록 할 생각으로 이 저서를 저술했다. 아마 가장 유명한 문제일

"토끼" 퍼즐이 이 책의 3절(12장)에 있다. 이 선구적인 저서를 잠깐 살펴보자.

저서, 《산반서》

피보나치가 여러 책을 저술했지만, 그를 가장 잘 알려준 책이 《산반서》다. 이 방대한 서적은 매우 흥미로운 문제로 가득하다. 정수론과 대수를 근거로, 피보나치가 여행하면서 광범위 하게 복사하고 모방하여 수집한 것인데, 앞에서 말한 바와 같이, 이 저서가 인도–아라비아의 자리값을 갖는 십진수체계를 아라비아 숫자와 함께 유럽에 도입하였다. 이 저서는 다음 두 세기 대부분 동안 널리 이용되어 베스트셀러가 되었다.

피보나치는 다음 구절로 《산반서》를 시작했는데, 이것이 유럽대륙에 이러한 숫자의 첫 등장이었다.

> "아홉 개의 인도[1] 숫자는:
>
> 9 8 7 6 5 4 3 2 1.
>
> 이 아홉 개의 숫자와 아라비아인들이 제퍼(zephyr)라고 부르는 기호 0을 사용하면, 아래와 같이 어떤 수라도 표시할 수 있다. 수는 단위의 합이고, 그들을 더함으로 해서 수는 단계적으로 끝없이 증가한다. 먼저 이 수들로 1에서 10까지 만들고, 두 번째, 이 수들로 10들을 만들어 이들을 합해 100을 만든다. 세 번째, 이 수들로 100들을 만들어 이들을 합해 1000을 만든다. … 그렇게 단

[1] 피보나치는 인도 숫자를, 인도가 그 근원지였기 때문에 "인도 숫자"라는 용어를 사용했다.

계를 끝없이 해서 어떤 수든지 앞의 수를 합해서 만들 수 있다. 첫 자리는 수를 표시할 때 오른쪽에 한다. 둘째 자리는 첫 자리 왼쪽에 잇달아 한다."

이 숫자가 상대적으로 기능이 편리했음에도, 상인들이 숫자를 사용할 줄 하는 사람을 의심하면서 널리 받아들이지 않았다. 그들은 단순히 사기 당할까봐 두려워한 것이다.

흥미롭게도, 《산반서》에는 연립일차방정식도 들어 있다. 그리고 피보나치가 생각한 많은 문제들이 아랍 원전에 나오는 문제와 유사하다. 이것이 이 책의 가치를 감하는 것은 아니다. 왜냐하면 이 책이 수학의 발전에 크게 공헌한 문제의 해들을 모아놓았기 때문이다. 사실상, ―오늘날 통용되고 있는― 많은 수학용어들이 《산반서》에서 처음 소개되었다. 피보나치는 "factus ex multiplicatione"를 언급했는데 이로부터 "수의 인수" 또는 "곱셈의 인수"라고 하는 용어의 처음 형태를 볼 수 있다. 현재 수학용어 "분자"와 "분모"도 이 유명한 책에서 유래했다고 한다.

《산반서》 제2절에는 상인들을 염두에 둔 문제가 많이 수록되어 있다. 물품가격 관계, 지중해 국가들에서 사용하는 여러 화폐들의 변환 방법, 거래이익 계산, 그리고 중국에 기원을 둔 것으로 보이는 문제들이 있다.

피보나치는 상인들이 융자에 대한 이자를 금지하는 교회를 피하고 싶어 하는 것을 알았다. 그래서 실제 융자금보다 더 많은 초기금액으로 이자를 숨기는 방법을 생각해 낸 것이 복리계산이었다.

이 책 제3절에는 매우 다양한 문제들이 있다:

> 등차수열로 속도가 빨라지는 사냥개가 역시 등차수열로 속도가 빨라지는 토끼를 쫓아간다. 사냥개가 토끼를 잡을 때까지 그들이 달린 거리는 얼마인가?
>
> 거미가 매일 낮에는 벽을 일정 거리만큼 기어오르고 밤에는 일정 거리만큼 미끄러져 내려온다. 거미가 벽을 다 올라가는데 며칠이 걸릴까?
>
> 일정 금액을 서로 교환한 후 각각 비례로 증가하고 감소할 때 두 사람이 가진 금액을 계산하라.

오늘날에는 레크리에이션 수학이라고 하는데, 그런 고전적 문제 중 일부가 서구에서 처음으로 《산반서》에 등장한다. 그리고 언제나 해법을 얻는 기술이 문제를 도입하는 주된 관심사였다. 이 책이 우리에게 흥미로운 것은, 단지 다루기 힘든 로마숫자를 인도숫자로 대체한 서구문화 첫 출판물이고, 처음으로 수평선분을 써서 분수를 나타냈기 때문이 아니라, 훗날 피보나치를 유명하게 만든 레크리에이션 수학문제가 제12장에 우연히 포함되었기 때문이다. 이 문제가 바로 토끼 재생에 관한 문제다.

토끼문제

그림 1.1을 보면 문제가(여백 주석과 함께) 진술된 내용을 알 수 있다.

원문의 사진이 그림 1.2에 있다.

이 문제가 월 단위로 어떻게 되는지 그림 1.3의 도표를 보면 알 수 있다.

Beginning	1	"A certain man had one pair of rabbits together in a certain enclosed place, and one wishes to know how many are created from the pair in one year when it is the nature of them in a single month to bear another pair, and in the second month those born to bear also. Because the above written pair in the first month bore, you will double it; there will be two pairs in one month. One of these, namely the first, bears in the second month, and thus there are in the second month 3 pairs; of these in one month two are pregnant and in the third month 2 pairs of rabbits are born and thus there are 5 pairs in the month; in this month 3 pairs are pregnant and in the fourth month there are 8 pairs, of which 5 pairs bear another 5 pairs; these are added to the 8 pairs making 13 pairs in the fifth month; these 5 pairs that are born in this month do not mate in this month, but another 8 pairs are pregnant, and thus there are in the sixth month 21 pairs; to these are added the 13 pairs that are born in the seventh month; there will be 34 pairs in this month; to this are added the 21 pairs that are born in the eighth month; there will be 55 pairs in this month; to these are added the 34 pairs that are born in the ninth month; there will be 89 pairs in this month; to these are added again the 55 pairs that are both in the tenth month; there will be 144 pairs in this month; to these are added again the 89 pairs that are born in the eleventh month; there will be 233 pairs in this month. To these are still added the 144 pairs that are born in the last month; there will be 377 pairs and this many pairs are produced from the above-written pair in the mentioned place at the end of one year. You can indeed see in the margin how we operated, namely that we added the first number to the second, namely the 1 to the 2, and the second to the third and the third to the fourth and the fourth to the fifth, and thus one after another until we added the tenth to the eleventh, namely the 144 to the 233, and we had the above-written sum of rabbits, namely 377 and thus you can in order find it for an unending number of months."
First	2	
Seventh	34	
Second	3	
Third	5	
Fourth	8	
Fifth	13	
Sixth	21	
Eighth	55	
Ninth	89	
Tenth	144	
Eleventh	233	
Twelfth	377	

‖ 그림 1.1 ‖

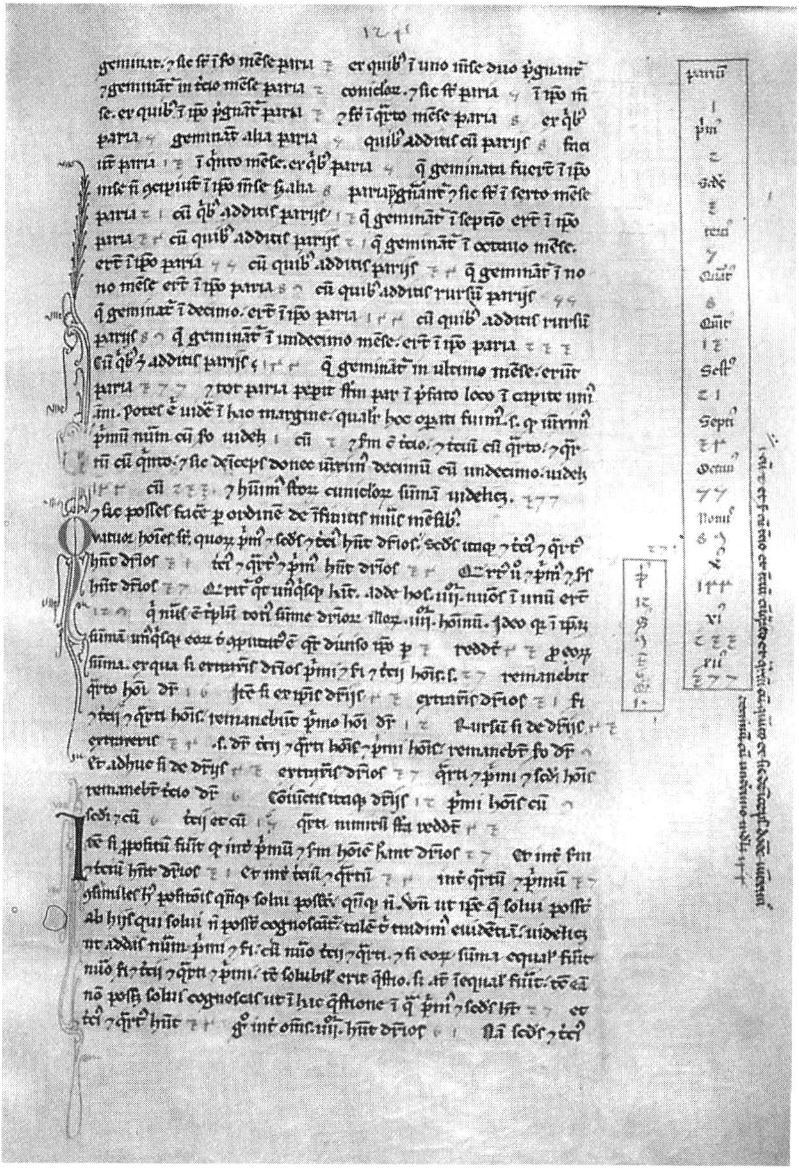

‖ 그림 1.2 ‖

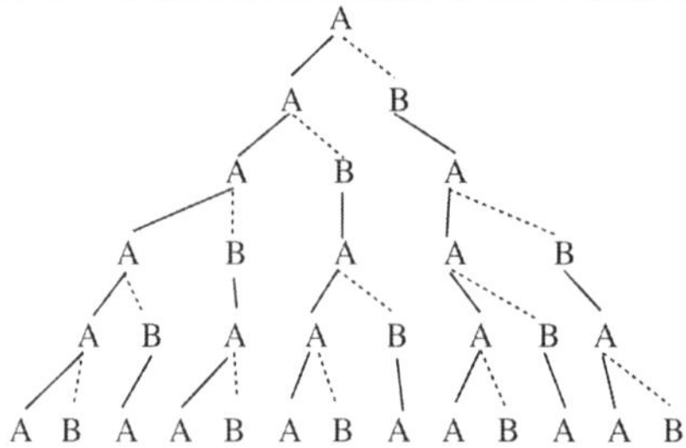

달	토끼 쌍의 수	새끼 낳는 토끼 쌍의 수	새끼 토끼 쌍의 수	전체 토끼 쌍의 수
1월1일		1	0	1
2월1일		1	1	2
3월1일		2	1	3
4월1일		3	2	5
5월1일		5	3	8
6월1일		8	5	13
7월1일		13	8	21
8월1일		21	13	34
9월1일		34	21	55
10월1일		55	34	89
11월1일		89	55	144
12월1일		144	89	233
1월1일		233	144	377

‖ **그림 1.3** ‖

새끼토끼 한 쌍(B)이 자라서 한 달 후에 새끼 낳는 토끼(A)가 된다고 가정하면, 그림 1.3과 같은 도표를 그릴 수 있다.

이 문제는 오늘날 **피보나치수**(Fibonacci numbers)라고 알려진 수열

$$1, 1, 2, 3, 5, 8, 13, 21, 34, 55, 89, 144, 233, 377, \cdots$$

을 생성한다. 얼핏 볼 때 이 수열의 다음 항을 생성하는 관계를 쉽게 알 수 있다는 것 외에 이 수들에 관해 특별한 것이 없어 보인다. 이 수열의 (처음 두 항 다음) 모든 항은 앞에 나오는 두 수의 합으로 되어 있다. 일 년 후 토끼는 233쌍이 된다. 오늘날 **피보나치수열**(Fibonacci sequence)이라고 알려진 이 수열은 항을 무한정 확장할 수 있고, 자연과 인간 활동의 많은 곳에서 예기치 않게 발견되고 있다[2].

퍼즐 만들기는 15세기와 16세기에 돈을 버는 재능이었다. 많은 사람들이 특정한 퍼즐이 아름다울 뿐 아니라 불가사의한 속성을 지니고 있다고 생각했다. 1612년 프랑스에서는 바셰(Claude-Gaspar Bachet de Mezirac, 1581-1638)가 역대급 베스트셀러 중 하나인 《즐겁고 유쾌한 수론 문제(Amusing and Delightful Number Problems)》를 발간했다, 1779년에는 스위스의 유명한 수학자 오일러(Leonhard Euler, 1707-1783)가 저서 《36장교문제(Thirty-Six Officers Puzzle)》에서 수학적 조합이론을 도입했다. 19세기는 영국 수학자 드모르간(August De Morgan, 1806-1871)의 《역설의 비용(A Budget of Paradoxes)》(1826)으로 시작해 루이스 캐럴(Lewis Carroll)의 《베개문제(pillow problems)》(1880)와 《헝클어진 이야기(Tangled Tales)》(1885)로 끝났다. 1883년에는 수학에 관한 저술을 내고 피보나치수를 대중에게 널리 알린 프랑스 수학자 루카스(Francois Edouard Anatole Lucas, 1842-1891)가 하노이 탑 문제를 만들었다.

하노이의 한 수도원에 말뚝이 세 개 있다. 그 중 한 말뚝에 황금

[2] 피보나치수에 관한 더 자세한 사항은 A.S.Posamentier와 I.Lehmann, Amherst의 The Fabulous Fibonacci Numbers, NY:Prometheus Books, 2007을 보라.

원반 64개가 쌓여 있는데, 원반은 바닥에 제일 큰 것, 그리고 꼭대기에 가장 작은 것, 이렇게 아래에서 위로 크기가 작아지는 순서로 쌓여 있다. 신이 승려에게 명했다. 모든 원반을 다른 말뚝으로 옮기되, 옮기는 동안 작은 원반이 큰 원반 위에 한순간이라도 있어서는 안 된다. 말뚝 세 개는 모두 사용할 수 있다. 그러면서 승려가 마지막 원반을 옮기면 세상은 사라진다고 했다. 왜 그럴까?

세상은 끝난다. 왜냐하면 승려가 이 일을 마치려면 $2^{64}-1$번 옮겨야 하는데, 한 번 옮기는데 1초 걸린다면, 단한 번의 실수도 없이 한다 해도 일을 마치는데 582,000,000,000년 걸릴 테니까!

20세기에는, 1913년 십자말풀이 퍼즐과 1974년 루빅스 큐브의 발명을 포함하여 온갖 종류의 퍼즐로 흥미가 확산되었다. 수많은 학회, 협회와 함께, 가드너(Martin Gardner, 1914-2011), 싱마스터(David Singmaster, 1939-) 그리고 스멀리언(Raymond Smullyan, 1919-2018)과 같은 많은 사람이 공동의 취미로 레크리에이션 문제해결을 확립하는데 기여했다. 이와 같이 간단히 살펴보았듯이 인간은 실제로 이성적 동물이며, 다네시(Marcel Danesi, 2002)가 주장한 바와 같이, 인간이 "**퍼즐본능**(puzzle instinct)"[3]을 지니고 있다는 견해를 확인할 수 있다. 그러나 이처럼 감동적인 퍼즐과 문제선집의 계보에도 불구하고, 사람들이 퍼즐이나 문제의 해결에 어떻게 이르게 되는지 그 기저에 있는 심리적 과정을

[3] Danesi, M. (2002). *The Puzzle Instinct: The Meaning of Puzzles in Human Life*. Bloomington, IN: Indiana University Press.

논의한 교재는 거의 없다. 아메스 파피루스는 "정확한 계산"을 문제해결에 포함된 과정이라고 말한다. 이와 달리 오히려 이런 선집들은 가끔 문제와 퍼즐의 답을 숨기고 해법이 얼마나 절실한지를 일깨우는데 일조하고 있다.

문제해결의 심리학적 측면

19세기말에 심리학 분야는 과학을 기반으로 대학에서 확립되었다. 심리학의 많은 주제가 감각지각에 관한 철학적 논의에서 도출되었다. 라이프치히대학의 분트(Wilhelm Wundt, 1832-1920)가 여러 가지 감각과 지각을 실험적으로 조사하기 시작했다. 분트는 의식적 사고가 감각상(sensory images)에 근거한다고 생각했다; 추상적 개념적 사고는 실험연구의 범위를 벗어난다고 보았다. 분트의 옛 제자 퀼페(Oswald Kulpe, 1862-1915)는 동의하지 않았다. 대신, 고등정신과정은 무심상이며, 문제해결의 관찰을 통해 체계적이고 과학적인 방법으로 입증할 수 있다고 했다. 뷔르츠부르크대학에 있을 때 가장 영향력이 있었던 연구의 일부인 아인스텔룽(Einstellung, 태도) 또는 마음가짐 효과(mental set effect)에 대한 연구가 그의 실험실에서 나왔다. 퀼페가 사용했던 가장 간단한 **아인스텔룽효과**의 예는 참여자에게 카드에 무의미한 음절을 서로 다른 색깔로 적어 놓고 배열하여 제시하는 것이다. 참여자 일부에게 색깔에 초점을 맞추라고 하고, 다른 참여자에게는 음절에 초점을 맞추라고 한다. 그들에게 무엇을 보았는지 질문했을 때 색깔에 초점을 맞추라는 지시를 받은 사람은 색깔을 곧잘 생각해내지만 음절은 그만큼 기억하지 못했고; 역으로 음절에 초점을 맞추라는 말을

들은 사람은 상대적으로 음절에 대해 잘 했지만, 색깔에 대해서는 그렇지 못했다. 지시가 자극이 확실한 특징에 관심을 향하게 하고 다른 것은 멀리 하는 마음가짐을 일으킨 것이다. 그래서 환경적 감각자극이 의식 이미지나 생각이 될 감각을 자동적으로 불러일으키는 것이 아님을 증명하고 있음이 분명하다.

그러나 아인스텔룽효과에 대한 연구는 루친과 루친(Luchins and Luchins)의 저서 《행동의 경직성(Rigidity of Behavior): 아인스텔룽에 대한 다양한 접근》[4]에서 모사하고 확장한 물동이 문제가 가장 인상적이다. 이 연구에서는 참여자에게 가설적 상황을 준다. 크기가 다른 물동이 3개와 물을 사용하여 원하는 물의 양을 얻는 방법을 제시하도록 한다. 아래 실험 결과가 있다. 첫째 문항은 실습예제이다(29단위 용기를 채우고 거기서 3단위를 빼라). 실험집단에는 문항2~11를 순서대로 제시하여 각 참가자가 해결하도록 하고, 통제집단에는 같은 실습문제를 하게 하지만 시작부터 문항7~11을 풀도록 지시했다. 문항2~6은 똑같은 문제해결세트 $b-a-2c$를 떠올리기 때문에 아인스텔룽문항이라고 부른다. 문항7, 8, 10, 11은 더 짧은 직접적인 방법 ($a-c$, 또는 $a+c$)으로 풀거나 또는 더 긴 아인스텔룽방법으로 풀 수 있기 때문에 평가문항이다. 문항9는 회복문항으로서 아인스텔룽효과로 참가자가 회복하고 문항10과 11의 더 짧은 풀이를 찾을 수 있는 공정한 기회를 갖도록 도움을 준다.

---

[4] Luchins, A.S. & Luchins, E.H. (1959). *Rigidity of Behavior: A Variational Approach to Einstellung.* Eugene, OR: University of Oregon Press.

문항	물동이 크기			얻는 양
	a	b	c	
1. 실습	29	3	-	26
2. 아인스텔룽1	21	127	3	100
3. 아인스텔룽2	14	163	25	99
4. 아인스텔룽3	18	43	10	5
5. 아인스텔룽4	9	42	6	21
6. 아인스텔룽5	20	59	4	31
7. 평가1	23	49	3	20
8. 평가2	15	39	3	18
9. 회복	28	76	3	25
10. 평가3	18	48	4	22
11. 평가4	14	36	8	6

아래는 평가문항7, 8, 10, 11에 대하여 가능한 두 가지 형태의 해다.

문항	아인스텔룽 해	직접적인 해
7	$49-23-3-3=20$	$23-3=20$
8	$39-15-3-3=18$	$15+3=18$
10	$48-18-4-4=22$	$18+4=22$
11	$36-14-8-8=6$	$14-8=6$

다음의 결과에서 평가문항에 대한 일반적인 수행형태를 볼 수 있다.

집단	아인스텔룽 해	직접적인 해
통제아동	1%	89%
실험아동	72%	24%
통제성인	0%	100%
실험성인	74%	26%

결과를 보면 통제집단의 아동 89%와 성인 100%가 짧고 직접적인 해답을 찾아낸 반면, 실험집단에서는 아동의 24%와 성인의 26%만이 직접적인 해를 사용했다. 실험조건에서는 아동의 72%와 성인의 74%가 더 긴 아인스텔룽 해를 사용했다. 아인스텔룽이 정신적으로 마음가짐의 기계화된 상태를 형성하여 더 간단하고 훨씬 분명한 해에 대하여 맹목적인 태도를 만들어낸 것이다. 우리는 문제 그 자체의 장점을 근거로 보지 않고 다른 환경에서 유용했던 마음가짐을 기계적으로 적용하는 것에 이끌린다. 이것은 흔히 학교 교육과정에서 특정한 해를 구하는 마음가짐을 형성할 연습문제들을 교재에서 많이 제시할 때 전형적이다. 이것이 학생들에게 새로운 문제를 그 자체의 장점에서 살피는 것을 방해하여 가능한 해결전략을 놓치게 할 수 있다.

다른 사람들은 이 효과를 **부정적 전이**(negative transfer)라고 언급한다. 이 효과는 바틀렛(Fredrick Bartlett)[5]이 "숫자퍼즐" 문제를 해결하는 학생을 관찰하면서 발견했다. 이 문제는 계산이(이 예에서는 덧셈) 맞도록 문자에 알맞은 숫자를 넣는 것인데, 각 문자에 0에서 9까지 대응하는

[5] Bartlett, F. (1958). *Thinking: An Experimental and Social Study*. New York: Basic Books.

숫자가 있고, 문자가 다르면 대응하는 숫자도 다르다. 그런 숫자퍼즐 하나를 예로 풀이를 해보자.

아래에서 문자는 간단한 덧셈의 숫자를 나타낸다:

```
     S  E  N  D
     M  O  R  E
  --------------
  M  O  N  E  Y
```

덧셈 계산이 맞도록 문자가 나타내는 숫자를 구해야 한다. 이 활동에서 가장 중요한 것이 분석이고 특히 주의를 기울여 추론해야 한다.

두 네 자리 수의 합은 19,999 보다 큰 수가 될 수 없으므로 **M=1**.

그러면 **MORE**<2000 이고 **SEND**<10,000 이다. 그래서 **MONEY** <12,000 이고, 따라서 **O**는 0 또는 1이다. 1은 이미 사용하였으므로 **O**=0. 그래서

```
     S  E  N  D
     1  0  R  E
  --------------
  1  0  N  E  Y .
```

이제 **MORE**<1100. 만일 **SEND**가 9000보다 작다면, **MONEY**<10,100 인데, 그러면 **N**=0이 되어야 하고, 0은 이미 사용하였으니까 그럴 수 없으므로 **SEND**>9000이어야 하고 그래서 **S**=9. 이제

```
     9  E  N  D
     1  0  R  E
  --------------
  1  0  N  E  Y .
```

문제풀이에 사용할 남은 숫자는 {2,3,4,5,6,7,8}이다. 한 자리 수를 점검해보자. 합이 가장 큰 것은 7+8=15이고 가장 작은 것은 2+3=5. 만일 **D**+**E**<10이면 십의 자리에 받아 올림 없이 **D**+**E**=**Y**이고, 그렇지 않으면 **D**+**E**=**Y**+10으로 십의 자리로 1이 올라간다. 이 논리를 십의 자리에도 해보면, 자리올림이 없이 **N**+**R**=**E**이거나 **N**+**R**=**E**+10으로 백의 자리에 1이 올라간다. 그런데 만일 백의 자리로 받아 올림이 없다면 **E**+0=**N**이 되어 **E**=**N**이 되는데 이것은 허용되지 않는다. 그러므로 백의 자리로 받아 올림이 있어야 하고 그래서 **N**+**R**=**E**+10이고, **E**+0+1=**N** 즉 **E**+1=**N**.

이 값을 앞 식의 **N**에 대입하여 (**E**+1)+**R**=**E**+10을 얻고 이로부터 **R**=9. 그러나 이것은 이미 **S**의 값으로 사용했기 때문에 다른 방법을 해보아야 한다. 그래서 **D**+**E**=**Y**+10이라고 가정하자. 왜냐하면 방금 막다른 길에 닿았던 곳 십의 자리에 받아 올림이 필요하니까.

이제 십의 자리의 합은 1+2+3<1+**N**+**R**<1+7+8이다. 그러나 만일 1+**N**+**R**<10이면, 백의 자리로 받아 올림이 없게 되어 앞에서 나온 허용 안되는 딜레마 **E**=**N**이 된다. 그래서 1+**N**+**R** =**E**+10이고, 백의 자리에 받아 올림이 있다. 그러므로 1+**E**+0=**N**, 즉 **E**+1=**N**. 이것을 위의 식 (1+**N**+**R**=**E**+10)에 대입하여 1+(**E**+1)+**R**=**E**+10, 즉 **R**=8. 이제

$$
\begin{array}{ccccc}
 & \mathbf{9} & \mathbf{E} & \mathbf{N} & \mathbf{D} \\
 & \mathbf{1} & \mathbf{0} & \mathbf{8} & \mathbf{E} \\
\hline
\mathbf{1} & \mathbf{0} & \mathbf{N} & \mathbf{E} & \mathbf{Y}
\end{array}.
$$

사용할 수 있는 남은 숫자를 생각하면 **D**+**E**<14임을 알 수 있고,

그래서 **D**+**E**=**Y**+10으로부터 **Y**는 2 또는 3이다. **Y**=3이면 **D**+**E**=13이므로, 숫자 **D**와 **E**는 6이나 7이 될 수밖에 없다. **D**=6이고 **E**=7이면 앞의 식 **E**+1=**N**으로부터 **N**=8인데, 이미 **R**=8이었으므로 안된다. **D**=7이고 **E**=6이면 앞의 식 **E**+1=**N**으로부터 **N**=7이므로 이것도 안된다. 그러므로 **Y**=2이다. 이제

$$\begin{array}{ccccc} & \mathbf{9} & \mathbf{E} & \mathbf{N} & \mathbf{D} \\ & \mathbf{1} & \mathbf{0} & \mathbf{8} & \mathbf{E} \\ \hline \mathbf{1} & \mathbf{0} & \mathbf{N} & \mathbf{E} & \mathbf{2} \end{array}.$$

그래서 **D**+**E**=12이다. 이것이 성립하는 것은 5와 7뿐이다.

E=7이면, 다시 **E**+1=**N**으로부터 **N**=8이 되어 안된다. 그러므로 **D**=7이고 **E**=5. 이제 다시 식 **E**+1=**N**을 사용하여 **N**=6을 얻는다. 마침내 구한 답은:

$$\begin{array}{ccccc} & \mathbf{9} & \mathbf{5} & \mathbf{6} & \mathbf{7} \\ & \mathbf{1} & \mathbf{0} & \mathbf{8} & \mathbf{5} \\ \hline \mathbf{1} & \mathbf{0} & \mathbf{6} & \mathbf{5} & \mathbf{2} \end{array}.$$

바틀렛은 학생들이 덧셈이나 뺄셈을 할 때 오른쪽에서 왼쪽으로 풀어가는 습관에서 기인하는 어려움이 가장 큰 것을 발견했다. 오른쪽 자리에서 덧셈을 하고 이어서 다음 왼쪽 자리 덧셈을 해나가는 습관이 너무 깊이 배어있어서 순서를 벗어나 다른 자리 수로 뛰어넘음을 생각을 못하는 것이라고 생각했다.

비슷한 방법으로, 둔케르(Karl Duncker, 903–1945)[6]가 문제를 해결하는데 필요한 새로운 방법의 사용에 저항하는 정신적 블록으로서 **기능적 고착**(functional fixedness)에 대한 개념을 정의하고, 이를 통해서 과거경험이 문제해결능력을 어떻게 제한하는지 조사하였다. 처음에 개인들에게 종양 문제를 제시하였다: "위에 수술이 불가능한 종양이 있는데 방사선이 강도가 너무 세면 장기조직을 파괴한다고 할 때, 어떤 절차로 해야 방사선이 종양을 둘러싼 건강한 조직을 파괴하지 않으면서 동시에 종양을 치료할 수 있는가?" 이 문제를 해결하는 개인들 의견을 검토한 결과, 문제해결 절차가 일반적인 해법에서 구체적인 기능적 해법으로 이동한다는 것을 발견했다. 예를 들어, 일반적 해법은 "방사선과 건강한 조직과의 접촉을 피하라"일 수 있는데, 일단 이 생각을 하면, "위까지 자유경로를 이용한다"거나, "경로에서 건강조직을 제거한다"와 같은 여러 가지 기능적 해법을 생각해 낸다. 그런 다음 "식도를 이용한다"거나 "캐뉼라를 삽입한다"와 같은 구체적인 해법에 도달한다. 이런 해법이 실패하면, "건강한 조직을 지나갈 때는 방사선의 강도를 낮춘다"와 같은 새로운 일반적이고 기능적인 해법을 제안하고 더 구체적인 아이디어가 뒤따른다, "방사선이 건강한 조직 가까이 갈 때는 강도를 낮추고 종양에 이르면 높인다". 그리고 마지막에 정확한 해법에 도달한다, "렌즈 초점을 이용하여" 종양에 집중한다(그림 1.4를 보라). 둔케르에 의하면, 단일 방사선이라는 생각에 집착하는 것이 문제이고, 해법은 돌연히 번쩍이는 통찰로

---

[6] Duncker, K. (1977). On problem solving. In P.C. Wason and P.N. Johnson-Laird (eds.), *Thinking: Reasoning in Cognitive Science*. Cambridge: Cambridge Unversity Press.

부터 나오며, 이것을 "아하" 경험이라 하는데, 방사선을 더 약한 방사선으로 나누어 종양에 모이도록 할 수 있다는 인식이다.

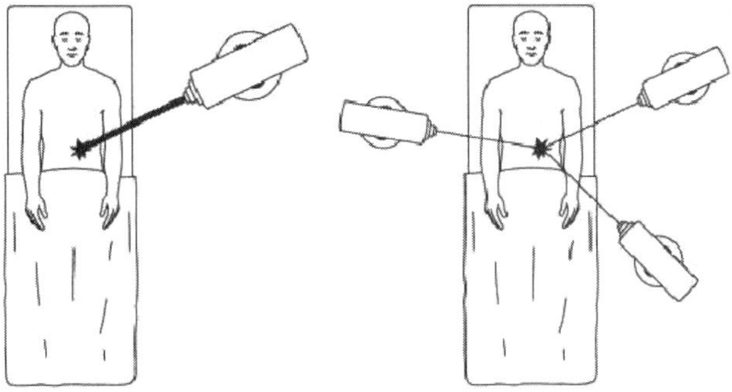

‖ 그림 1.4 ‖

이 현상을 더 주의 깊게 조사하기 위해, 둔케르는 기능적 고착의 극복에 포함되리라 생각하는 일련의 문제를 고안했다. 예를 들어, 참가자에게 판지 박스 셋, 성냥, 압정, 양초를 준다. 양초를 램프처럼 쓸 수 있도록 벽 가까이에 수직으로 올려놓는 것이 목표다. 일부 과제는 한 박스에 성냥을 담고, 둘째 박스에 양초를 담고, 셋째 박스에 압정을 담아서 주는 반면; 다른 과제는 똑 같은 재료인 박스, 성냥, 양초, 압정을 박스에 담지 않고 주었다(그림 1.5를 보라).

(a) 미리 활용한 조건

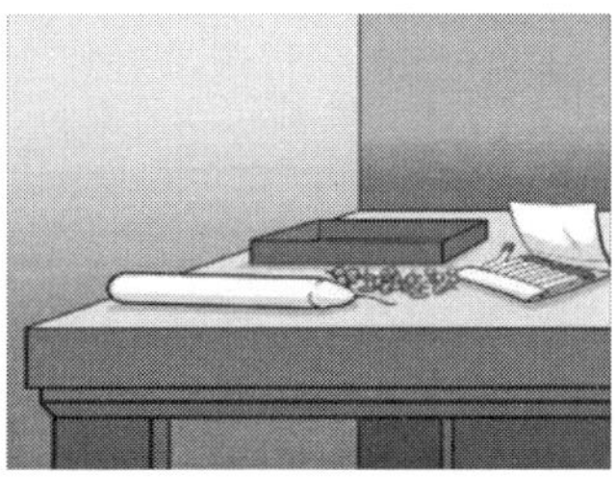

(b) 미리 활용하지 않은 조건

(c) 해법

‖ 그림 1.5 ‖

빈 박스로 줄 때보다 박스에 담아서 주었을 때 해법—박스 꼭대기 위에 왁스를 녹여 그 위에 양초를 붙여 세우고 박스를 벽에 압정으로 고정시킨다—을 발견하기가 훨씬 어려웠다. 둔케르는 물건을 박스 안에 두는 것이 박스의 기능을 용기로서 고착시키는 반면 지지대로서 재형성하는 것을 어렵게 한다고 설명했다. 둔케르는 종이클립과 줄을 사용하여 이 문제의 여러 변형을 조사하였는데, 모두에서 기능적 고착이 효과적인 문제해결에 장애가 됨을 확인했다. 아인스텔룽 효과에 관한 연구, 부정적 전이, 그리고 기능적 고착에 관한 연구들이 모두 융통성 없는 과거 습관을 재적용하는 것이 생산적인 문제해결에 장애가 될 수 있다는 증거를 제공한다.

문제해결의 게슈탈트 접근

이러한 초기 연구가 문제해결에 중요한 장애들을 입증했지만, 그것이 효과적인 문제해결의 긍정적인 면에 대한 분명한 아이디어를 제공하지 않는다. 우리는 어떻게 문제를 해결하는가? 형태심리학자(Gestalt psychologists)에 의하면, 문제해결은 구조적 이해를 달성하기 위해 문제 상황의 각 측면 사이의 관계를 찾아가는 과정이다. 즉, 목표의 요건을 만족하도록 문제의 모든 부분을 함께 맞추는 방법을 이해하는 것이며, 문제의 요소를 새로운 방식으로 재인식하는 것을 포함한다.

이 과정에서 중요한 것은 문제를 감지하는 방법을 제한하는 미리 설정된 문제해결 세트를 극복하는 것이다. 문제 상황을 새로운 방식으로 보지 못하면 재구조화나 요소 맞추기에 대한 새로운 방식을 알아볼 수 없다. 예를 들어, 종이에서 연필을 떼지 않고 모든 점을 네 직선으로 연결해야 하는, 9점 문제를 풀 때(그림 1.6), 종종 해법을 구하기가 매우 어렵다. 9점이 정사각형을 이루고 있는 것이 문제해결 세트를 (해법이 정사각형 안에 들어가야 한다는) 부과한다. 정사각형처럼 보이는 경계를 넘어서까지 직선을 확장할 수 있다는 생각을 해야 해법을 구할 수 있다.

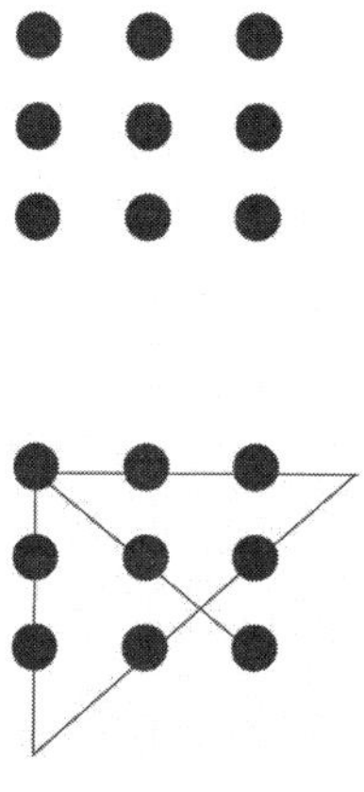

‖ 그림 1.6 ‖

이 접근은 형태심리학을 창시한 독일 심리학자 쾰러(Wolfgang Kohler[7], 1887–1967)가 처음 제안하였다. 쾰러는 대서양의 테네리페 섬에서 4년을 지내면서 영장류의 문제해결 행동을 폭넓게 관찰하였다. 발견한 내용을 논문 《유인원의 심성(The Mentality of Apes)》으로 출판했다. 그는, 일반적인 상황에서 넓은 우리 안에 상자와 막대기를 놓아두고 천장에 바나나를 닿을 수 없도록 매단 다음, 술탄이란 이름의 원숭이를 관찰했다. 쾰러는 술탄이 바나나를 잡으려고 시도하다 실패하는 것을 주시했다. 진지한 사고(인큐베이션: 잠복기)라고 할 만한, 장시간 멈춤이 있은 후, 뒤이어 통찰의 번쩍임이 일어난 것 같더니 — 술탄은 한 상자 위에 다른 상자를 놓고 그 위로 올라가 바나나를 집었다. 쾰러에 의하면, 해법은 계속된 시행착오 결과가 아니고, 인큐베이션과 통찰의 시간이 지난 후에 문제상황의 요소를 재조직한 결과였다.

술탄을 원시단계의 아르키메데스라고 생각하지 않을 수 없다. 아르키메데스는 욕탕 속에서 물이 차오르는 것을 보고 왕관의 부피를 재는 방법을 발견했다. 술탄이 "유레카!"라는 소리를 냈다는 얘기는 듣지 못했다. 오늘날 통찰이나 재조직화 같은 모호하고 부정확한 용어는 잘 사용하지 않지만, 이런 형태적 접근이 참신한 해법으로 문제해결에 필요한 창의적 정신과정을 얻으려는 시도임은 분명하다. 그의 저서 《생산적 사고(Productive Thinking)》에서 게슈탈트학파의 창시자인 베르트하이머(Max Wertheimer, 1880–1943)[8]는 두 종류의 사고를 구분했다.

---

[7] Kohler, W. (1925). *The Mentality of Apes*. New York: Harcourt Brace Jovanovich.

[8] Wertheimer, M. (1959). Productive Thinking. New York: Harper & Rowe.

하나는 문제의 새로운 해법을 창조하는데 포함되는 사고로서 새로운 조직이 생산되기 때문에 생산적 사고라고 부르고, 문제의 과거해법을 적용하는 것에 근거를 두는 다른 하나는 옛 습관이 단순이 적용되는 것이기 때문에 재생산적 사고라고 불렀다. 이런 구별을 그는 학생에게 평행사변형의 넓이 구하는 법을 지도하는 두 가지 방법을 제시하는 것으로 설명했다. 한 가지 방법은 평행사변형의 기하학적 혹은 구조적 성질을 강조하는 것으로 — 예를 들어, 도형의 한쪽 끝 삼각형을 다른 쪽 끝으로 어떻게 옮겨놓을 수 있는지, 그래서 직사각형을 어떻게 만드는지를 보인다(그림 1.7 왼쪽을 보라). 다른 방법은 수선을 내리고 높이와 밑변의 길이를 곱해 넓이를 계산하는 일종의 단계적 방법을 강조하는 것이다.

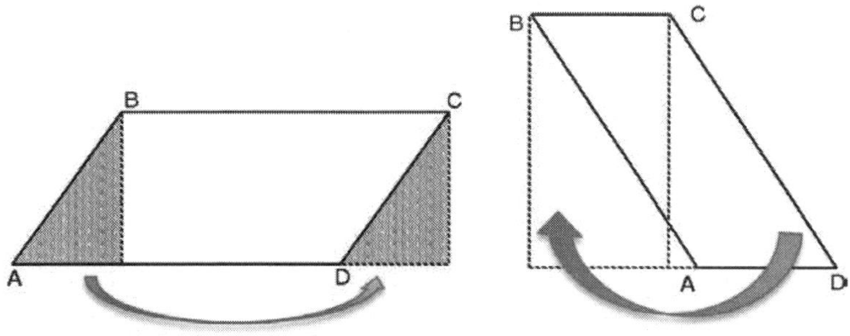

‖ **그림 1.7** ‖

두 가지 방법으로 배운 학생들은 모두 그들이 배웠던 것과 유사한 평행사변형의 넓이를 구하는 문제가 포함된 기준 과제에 대하여 동등하게 잘 수행했지만, 배웠던 것을 새로운 과제로 전이하는 능력은 달랐다. "구조적 성질을 이해"하도록 배운 학생은 색다른 평행사변형과 형태, 그리고 많은 상황을 알아보고 넓이를 구할 수 있었지만,

기계적 방법으로 배운 학생은 그들이 배운 것을 확장하기가 어려웠고, 자주 "아직 배우지 않았어요"라고 대답했다.

문제해결에 대한 게슈탈트 접근으로 사고과정을 몇 단계로 나누려는 시도가 일어났다. 일찍이 1926년에 영국의 사회심리학자 윌리스(Graham Wallis, 1858–1932)가 창의적 문제해결은 네 단계를 거친다고 주장했다. 첫 단계는 준비단계(preparation)로서, 문제해결자는 문제에 관한 정보를 수집한다. 이 단계의 흔한 특징은 문제에 대하여 어려움과 좌절을 느끼며 일반적으로 거의 진척이 없다. 둘째 단계는 인큐베이션단계(incubation, 잠복기)로서, 문제해결자는, 비록 무의식적으로는 풀고 있겠지만, 문제를 한쪽으로 치워 놓고 생각하고 있지 않는 것처럼 보인다(알 속 새끼 새는 보이지 않지만 자라고 있는 것처럼). 인큐베이션 기간은 셋째 단계 일루미네이션단계(illumination, 깨달음)로 나아가는데, 여기서 어떤 실마리의 통찰 또는 새로운 아이디어가 나타난다. 이 셋째 단계가 넷째 단계인 입증단계(verification)로 가는 길을 닦아준다. 이 단계에서 문제해결자는 가능한 해법을 확증한다.

좀 더 최근에, 잘 알려진 헝가리의 수학자 폴리아(George Polya, 1887–1985)가 저서 《어떻게 문제를 풀 것인가(How to Solve It)》[9]에서 일련의 문제해결 단계를 제안했다. 학생들에게 수학을 가르치면서 관찰한 것을 기반으로 한 것이다.

(1) **문제에 대한 이해** – 문제에 관한 정보를 수집하고, "원하는 것이 무엇인가(또는 모르는 것이 무엇인가)? 알고 있는 것은 무엇인가

[9] Polya, G. (1957). *How to Solve It?* Princeton, NJ: Princeton University Press.

(또는 자료와 조건은 무엇인가)?"라고 질문한다.

(2) **계획의 작성** – 문제에 관한 정보를 수집하고, "관련된 문제를 알고 있는가? 자신의 과거경험을 기반으로 목표를 새로운 방식으로 달리 진술하거나(거꾸로 연구하기) 또는 자신의 과거경험과 관련시켜 주어진 조건을 새로운 방식으로 달리 진술할 수 있는가?"라고 질문한다.

(3) **계획의 실행** – 해결 계획을 실행하고 매 단계를 점검한다.

(4) **반성** – 다른 방법을 사용하여 결과를 점검해 보거나 또는 모든 것이 얼마나 서로 잘 들어맞는지 보면서, "결과나 방법을 다른 문제에 활용할 수 있는가?"라고 질문한다.

폴리아는 각 단계를 다음 기하문제로 설명했다:

밑면이 정사각형인 직각 정사각뿔에서 윗부분을 잘라낸 절두체의 높이 h와 밑면1의 변의 길이, 그리고 밑면2의 변의 길이가 주어졌을 때, 절두체의 부피를 구하여라(그림 1.8).

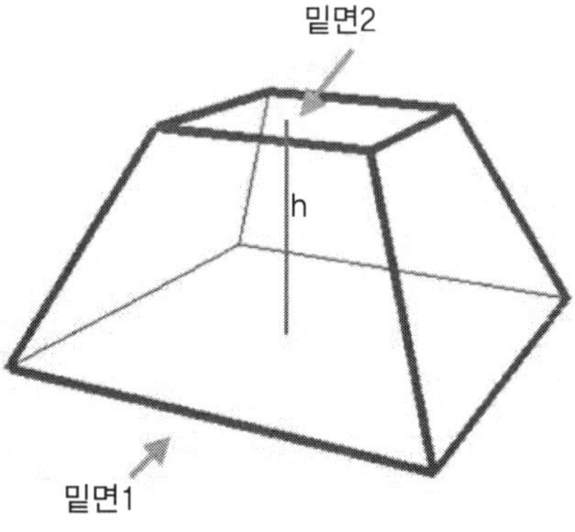

‖ 그림 1.8 ‖

해결과정

(1) **문제에 대한 이해**. 질문: 원하는 것이 무엇인가? 답: 절두체의 부피다. 질문: 가지고 있는 것은? 답: 넓이 1의 변의 길이, 넓이 2의 변의 길이, 높이.

(2) **계획의 작성**. 주어진 문제를 풀 수 없다면, 적절하게 관련된 문제를 찾아보라. 물음: 풀 수 있는 관련된 문제는 무엇인가? 답: 정사각뿔 전체의 부피. 물음: 주어진 문제의 목표를 다르게 진술할 수 있는가? 답: 정사각뿔 전체의 부피에서 윗부분의 작은 정사각뿔의 부피를 빼는 것이 목표다. 주어진 조건을 정사각뿔 전체의 높이와 윗부분 작은 정사각뿔의 높이를 구하는 것으로 재 진술한다.

(3) **계획의 실행**. 알고 있는 공식을 사용하여 정사각뿔 전체의 높이, 작은 정사각뿔의 높이, 그리고 각각의 부피를 구한다. 해답: 큰 정사각뿔의 부피에서 작은 정사각뿔의 부피를 뺀다. ($V=\frac{1}{3}hB$).

(4) **반성**. 물음: 이 방법을 다른 문제에 활용할 수 있을까? 이 방법의 전반적인 논리를 이해하는가?

월리스와 폴리아의 단계가 단지 문제를 해결하는 동안 발생하는 것에 대한 서술을 보여주는데 불과한 것처럼 보이지만, 그것으로 통찰과 재구성에 대한 게슈탈트 아이디어에 포함된 것을 보다 명확하게 볼 수 있다. 목표를 설정하고 재진술하기, 목표를 향해서 또는 목표로부터 거꾸로 탐구하며 계획 탐색하기, 그리고 계획을 수행하고 점검하기는 문제의 재구성과 해결에 포함된 것에 대한 더 분명한 설명이다. 그래서 이것이 술탄이 바나나를 노려보고 "열심히 생각"하는 동안 했던 일일 것이다!

문제해결 뒤에 있는 복잡한 정신적 과정을 이해하려는 게슈탈트 심리학자들의 시도가 여러 가지 도발적인 아이디어를 내놓았다. 그들은 사고의 경직성과 마음가짐이 문제해결에 장애가 될 가능성이 있다고 강조했다. 생산적 사고와 재생산적 사고의 구별은 문제해결에 포함된 사고의 복잡성을 명확히 하는데 도움이 된다. 더욱이, 해법찾기에 관한 생각은 문제를 이해하고, 문제 요소를 재구성하거나 재조직하고, 해답을 점검하는 단계에서 가장 좋은 사고가 될 것이다.

창의적 문제해결에 대한 추가적 사고

어려운 문제를 풀 때 재구성이 결정적으로 중요하다면, 문제해결자는 새로운 관점, 새로운 마음가짐을 어떻게 탐색해 나가야 할까? 이 문제에 접근하는 한 가지 대안적 방법은 누군가 문제를 해결하는 완전히 새롭고 놀랄 만큼 생산적인 방식을 찾아낸 사례를 조사하는 것이다. 피카소, 베토벤, 바그너 같은 예술가나, 다윈, 퀴리부인 같은 혁신적인 과학자는 명백하게 창의적인 사람들이다. 조사 결과 이러한 창의적인 사람들은 공통점을 가지고 있었다. 이들은 모두 자신의 성취영역에서 지식과 기능의 거대한 창고를 가지고 있다. 그들은 대체로 총명하고, 두려움 없이 위험을 감수하고, 기꺼이 비판을 무시하고, 모호한 조사결과나 상황을 참아내는 능력이 있다. 또한 고도로 창의적인 사람에게는 외적 보상 약속보다는 오히려 자기 일에 대한 즐거움이 동기가 되었다. 마지막으로, 그러한 창의적인 사람은 "적절한 시간에 적절한 장소에"— 즉, 자유, 지원, 그리고 사용가능한 자원과 함께 해법이 무르익은 문제가 제공되는 환경에 있었다는 특징이 있었다. 그렇지만 이런 다양한 요소는 단지 창의성에 대한 무대를 조성할 뿐이다; 창의적인 사람이 참신한 해법을 찾아낼 때 정신 내부에서 무슨 일이 일어나고 있는지 여전히 의문으로 남아있다. 우수한 문제해결자와 그렇지 않은 사람 사이에 다른 점이 있다면, 그건 무엇인가? 무엇이 그 차이를 만드는가?

이 점에 대하여 여러 가지 서로 다른 관점이 있다. 어떤 사람은 선천적인 요인을 강조하고, 다른 사람은 사회나 문화적 요인을 강조한다. 그러나 한 가지 중요한 요인이 있는데, 누구나 동의하는 것 같다: 특정 영역에서 작용하는 경험이다. 그러므로 내과의사의 문제해결의 질은 수년간 의료실습 후 향상되고, 전기기사의 문제해결(고장수리나 복잡한 배선설치문제)의 질은 직업경험으로 높아진다. 도장공, 교수, 또는 경찰관에 대해서도 마찬가지다 — 모두 경험에 의해서 더 우수한 문제해결자가 된다. 그러나 왜 꼭 경험만 문제해결을 향상시킬까?

경험하는 것이 문제해결기술 개선을 보장해 주지는 않지만, 만일 자신이 우수한 문제해결자라거나 전문가라고 생각한다면, 자신이 성취한 분야에서 상당한 경험을 가지고 있을 것이다. 그런 이유 중 하나는 수년 동안 경험 있는 우수한 문제해결자는 자기 전문영역의 정보를 풍부하게 수집한다. 실제로 이런 이유로 보통 한 분야에서, 수학, 음악, 체스, 또는 소프트웨어 디자인이든 간에, 전문가의 지위를 획득하는데 온전히 십년이 필요하다고 말한다. 필요한 사실에 접속하고 그것을 상호 참조하는 데는 어림잡아 10년이란 시간이 필요하다.

중요한 것은 우수한 문제해결자라고 해도 초보자보다 더 많은 사실이나 정보를 갖고 있지 않다는 것을 알아야 한다. 그들은 고차적 패턴에 초점을 맞춘 다른 타입의 지식을 가지고 있다. 이러한 종류의 지식이 전문가로 하여금 더 큰 단위로 생각할 수 있게 하고 작은 단계보다 큰 단계로 문제를 다룰 수 있게 한다. 이런 능력은, 예를 들면, 체스선수를 보면 분명하다. 초보 체수선수는 개별 피스의 위치 수준에서 게임에 대한 생각을 하지만, 전문가는, 이와 대조적으로, 전략집단으로 조직한 피스들로 체스판을 생각한다. 이런 종류의 사고가 가능한 것은, 우수한 체스선수는 만들어지는 패턴에 대응하는 방법에 관한 서브루틴 세트를 단위로 해서 복잡한 개념들을 저장하는, “체스 어휘”가 있기 때문이다. 어떤 체스마스터는 머릿속에 전략패턴을 나타내는 고차적인 기억덩어리 50,000개를 가지고 있다고 추정한 학자도 있다. 이러한 패턴은 선수가 게임을 어떻게 회상하는가와 문제조직화에 대한 민감성에서 감지할 수 있다. 또한, 고차패턴에 대한 지식은 우수한 문제해결자와 전문가가 사고를 할 때 유추를 활용하는 면에서 도움을 준다. 전문가는 일상적으로 유추를 활용하는데, 유추는 작업할 때 크게 유리하다. 문제의 표면적 특성보다는 근본적인 구조에 주의를 기울여야 유추의 활용을 촉진할 수 있다.

결론

인간을 이성적 동물이라고 하지만, 우리의 사고란 무결점하고는 전혀 거리가 멀어서 문제해결에 자주 어려움을 겪는다. 우리는 부정확한 결론, 미해결 문제, 어리석은 결정과 같은 많은 한계의 먹잇감이다. 우리는 일상적으로 자신이 가정에 의한 피해자라는 것을, 그러한 가정 없이는 많은 문제가 분명하게 정의되지 못하고 더욱 어렵게 되겠지만, 문제해결의 심리학이 보여주었다. 그리고 이것이 사람들을 더 정확한 결론, 더 설득력 있는 추론, 더 나은 결정, 그리고 더 정확하고 성공적인 문제해결 가능성을 품는 더 나은 사고로 연결이 가능한지와 같은 질문을 제기한다. 전략이 도움을 줄 수 있고, 교육방법이 유용할 수도 있다. 실제로, 비판적 사고를 촉진하는 교육 프로그램에 대한 요청을 자주 접한다. 사고와 문제해결에 있어서 가장 최근의 연구 중 일부가 문제해결 활동의 전략이해와 사고의 개선방법에 기여하였다.

CHAPTER 02

The Psychology of Problem Solving

문제공간의 탐구: 문제해결전략

살아가는 동안 우리는 여러 가지 문제로 둘러싸여 있다. 그 중에는 직업이나 구입할 차량을 결정하는 것처럼 큰일도 있다. 이들이 문제라는 것은 분명히 알고 의식적으로 해법을 고심한다. 다른 문제들은 현실적이다. 무슨 옷을 입을까, 길을 어떻게 건널까, 또는 오늘 저녁식사를 어디서 할까? 그러한 문제는 늘 하던 해법을 적용할 수 없기 전에는 문제로 인식되기 어렵다. 미국인이 심야에 비행기로 런던에 갔다면, 호텔에서 걸어 나와 큰길을 건널 때 먼저 오른쪽을 보고 그다음에 왼쪽을 보면서, 미국이나 유럽대륙의 길 건너기라는 일반적이고 일상적인 문제에 새로운 해법이 필요하다는 것을 금방 깨달았던 걸 종종 기억한다[1]. 그리고 수학수업이나 다른 교과시간에 마주치는 것과 같은 도전적인 특별한 문제들이 있다. 이러한 문제는 흔히 해법을 구하는

---

[1] 역자 주: 영국에서는 미국과 달리 자동차 오른쪽에 운전석이 있고, 자동차는 도로 왼쪽으로 진행한다.

루틴(통상적 방법)이나 기술을 습득하는 데 도움을 주기 위해 인위적으로 고안해낸 듯 보인다. 그리고 때로는 십자말풀이 퍼즐이나 스도쿠풀이와 같은 문제를 스스로 즐긴다. 그런데 해법 찾기에 관해 논의하기 전에 살아가면서 마주치는 문제들의 서로 다른 타입에 대한 정의가 필요하다.

심리학에서는 ill–defined(모호한)와 well–defined(분명한, 잘 정의된)를 중요하게 구분한다. **모호하게 정의된**(ill–defined) 문제로는 목표에 대한 어렴풋한 느낌만으로 문제를 시작한다. 예를 들어, "여름휴가" 계획을 세운다고 생각하자. 뭔가 즐거운 일을 하고 싶다는 것을 알지만 모르는 일들이 많다. 집 가까이 머물 것인가 여행을 갈 것인가? 비용을 얼마나 쓸 수 있는가? 여행을 바다로, 산으로, 또는 도시로? 모호한 문제는 문제해결을 하는데 단지 느슨한 지침만 제공한다. 그래서 모호한 문제를 풀려고 할 때는 분명하게(well–defined) 만들어서 – 목표상태를 명확하고 구체화하여 – 시작한다. 흔히 추가적인 제한사항(비용 100만원 정도)과 가정(바다 근처)이 첨가된다. 물론 옵션을 좁히면 더 좋은 옵션을 무시하게 된다. 그렇더라도 문제를 더 분명하게 정의하는 것은 해법을 구하는데 크게 도움이 된다.

한편, **잘 정의된**(well–defined) 문제는 시작할 때 목표에 대한 명확한 아이디어를 가지고 있으며 목표에 도달하는데 사용할 수 있는 옵션이 무엇인지 아는 문제다. 예를 들면, **애너그램**(철자순서를 바꾼 말) 풀기에서: *subufoal* – 목표가 여덟 개 글자로 영어단어 만들기라는 것을 즉시 알고, 또한 문자열을 재배열하면 목표에 도달할 수 있다는 것을 알며, 가령 문자를 뒤집으면 안 된다는 것을 안다. 문자를 보태거나 문자를 숫자로 바꾸거나 하면서 시간을 허비하지 않을 것이고, 서체나 잉크 색깔은 목표와 관련 없다는 것을 안다. 이 문제공간 안에서, 해답을 생각해 낼 수 있다: *fabuluos*! 잘 정의된 문제라면 문제공간에 대한 명확한 아이디어를 갖게 된다. 즉 잘 정의된 문제를 풀면 지금 어디에 있고 가려고 하는 곳이 어딘지 사고하는 것을 안내한다. **초기상태**(initial state)와 **목표상태**(goal state) 사이에 있는 이 **문제공간**(problem space)을 이해하는 것이 문제해결의 심리학적 접근에서 중요해졌다. 잘 정의된 문제로는 바로 시작할 때부터 목표에 대한 분명한 아이디어를 가지게 되고 목표에 도달하는데 사용가능한 옵션을 알 수 있다. 반면 많은 사람들이 도전적인 문제에 직면하면, 곧바로 해법을 생각하려고 한다. 우수한 문제해결자나 전문가는 많은 시간을 문제공간을 중심으로 문제를 이해하는데 사용한다. 해법의 발견은 문제공간을 얼마나 이해하고 철저히 조사하는가에 달려있다.

알고리즘

문제공간을 조사하는 여러 가지 서로 다른 전략은 일반적으로 **알고리즘**(algorithm)과 **발견법**(heuristics)[2] 두 가지로 나누어진다. 알고리즘은 문제에 대한 해법을 언제든지 만들어내는 단계적 절차다. 알고리즘은 엄격한 단계적 절차로 해법에 이르는 확실성이 있기 때문에 컴퓨터에서 자주 사용된다. 일상생활에서 알고리즘은 흔히 무의식적이어서 습관 같은 것이라고 말할 수 있다(길을 건너면서 무의식적으로 왼쪽을 보고 오른

[2] Reisberg, D. (2013). *Cognition: Exploring the Science of the Mind*. New York: W.W.Norton.

쪽을 보는 것처럼). 한편, 발견법은 선택적 검색과 필시 해법을 만들어낼 것 같은 문제공간에 대한 약간의 조사를 주도하는 경험법칙이다. 발견법의 개념에 관하여는 이 장뿐 아니라 다음 장에서 더 자세히 알아보게 될 것이다.

우리에게는 새로운 상황이나 문제에 직면하면 과거 경험을 바탕으로 접근하는 본성이 있다. 사전경험이 우리 행동과 활동의 많은 부분에서 기반이 된다. 새로운 문제에 직면했을 때 사전경험과 유사점이 보인다면, 문제에 접근하는 데 그 경험을 사용하여 문제에 적합한 알고리즘이나 발견법을 선택할 것이다. 정확하면, 잘 들어맞을 것이고 문제는 쉽게 풀린다. 그러나 사전경험이 해결해야 할 문제에 들어맞지 않으면, 어려움과 좌절을 겪는다. 실제로, 사전경험이 새 문제에 있는 단서나 뻔한 해법에 대해서조차 눈멀게 할 수 있다. 오늘날, 사전경험의 이런 효과는 **마음가짐효과**(mental set effect 또는 아인스텔룽효과 — 1장을 보라)라고 알려져 있다. 어떤 해법전략을 여러 경우에 성공적으로 활용한 후에는, 그 전략을 다른 문제에 자동적으로 반복적용하려 하고, 적절하지 않으며 더 분명한 해법을 사용할 수 있는 문제에 대해서까지 적용하려 한다는 것이 발견된다.

어떤 알고리즘을 활용할 기회를 안다면, 특정한 문제를 해결하는데 필요한 일련의 단계를 인정해야 한다. 즉, 특정한 순서로 수행해야 하는 단계가 있고 어떤 단계는 대체해서는 안 된다는 것을 알아야 한다. 알고리즘은 조리법처럼 문제를 해결하기 위해 해야 할 것을 정확히 말해준다. 매우 간단한 예로 다음을 생각해 보자: 8피트×8피트 크기인 정사각형 금속조각이 하나 있다. 거기서 3피트×3피트 크기 작은 정사각형 한 조각을 잘라내고 버린다. 버리는 금속조각의 넓이를 구하는 것이 문제다. 해를 구하는 알고리즘이 다음과 같을 수 있다.

빈 연산 박스 5개를 그려라:

1. 첫째 박스에 "LARGE" 표시를 한다.	LARGE	8
2. 둘째 박스에 "SMALL" 표시를 한다.	SMALL	3
3. 셋째 박스에 "SUM" 표시를 한다.	SUM	11
4. 넷째 박스에 "DIFF" 표시를 한다.	DIFF	5
5. 다섯째 박스에 "RESULT" 표시를 한다.	RESULT	55

그러고 나서 다음과 같이 하라:

1. LARGE 박스 안에 큰 금속판 한 변의 크기를 써넣는다.
2. SMALL 박스 안에 작은 금속판 한 변의 크기를 써넣는다.
3. LARGE 박스와 SMALL 박스의 합을 계산하여 결과를 SUM 박스에 써넣는다.
4. LARGE 박스와 SMALL 박스의 차를 계산하여 결과를 DIFF 박스에 써넣는다.
5. SUM 박스와 DIFF 박스의 곱을 계산하여 그 결과를 RESULT 박스에 써넣는다.

이런 알고리즘을 이용해서 이 문제를 푸는 것이 가장 효율적이다. 정사각형 넓이를 구하는 방법을 알 필요 없이, 정확히 각 단계를 따라가면, 항상 이 특정한 종류의 문제 해답을 얻을 수 있다. 때때로, 그러한 방법이나 전략을 수학수업 같은 제도교육에서 배우고, 엄밀한 정확성으로 완벽하게 그런 알고리즘을 컴퓨터에 프로그램으로 올린다. 이제 막 문제해결법을 배우는 사람은 알고리즘을 이용하면 빠르고 쉽게 긍정적인 경험을 얻을 수 있다. 그러나 알고리즘을 활용하는 것은 문제해결전략의 최선이나 최적이 되지 못하는 몇 가지 한계가 있다.

알고리즘은 배우기 쉽고 빠르게 이용할 수 있지만 주어진 특정한 문제에 따르는 전략적 절차를 정확하게 알아야 한다. 주어진 문제에 대하여 "해야 할 것"을 정확하게 알아야 한다. 그것을 하는 "이유"를 알 필요는 없다. 왜 그 절차가 작동하는지 이해할 필요도 없다. 이런 한계가 알고리즘을 이용하는 방식에 영향을 준다. 알고리즘은 특정한 문제를 위해 개발되었기에, 문제가 약간의 변형에 직면하거나(예: 큰 금속판에서 정사각형 대신 직사각형을 제거하면 위의 알고리즘은 작동하지 않는다), 또는 완전히 새로운 문제에 직면하면 작동하지 않는다. 즉, 똑같은 타입이라도 변형되면 전략적 지식을 문제에 전이하는데 어려움이 있다. 교육자는 아동과 성인이 전략적 지식의 전이에 실패하는 경우 이런 어려움을 흔히 경험한다. 예를 들어, 고등학교에서 물리문제를 푸는 알고리즘을 배운다:

> 출발한지 1초 후 속도가 $15km/\mathrm{sec}$인 기차가 일정하게 속도가 증가하여 12초 후에 $45km/\mathrm{sec}$가 되었다면 기차의 가속도는 얼마인가?

물리문제를 잘 풀었더라도, 그 알고리즘을 대수문제 해결로 전이하는데 성공하지 못하는 학생들이 있다.

> 은행에서 수납원으로 일하는 화니타는 첫 해 연봉이 2,480만원인데, 매년 일정하게 올라서, 13년 동안 근무하면 연봉이 3,200만원이 된다고 한다. 화니타의 연봉의 연간 증가액이 얼마인가?

물리문제에 사용한 알고리즘이 그 물리문제와 똑같은 구조를 갖고 있는 대수문제해결에 관련된다는 것을 이해하지 못할 수 있다. 알고리즘이란 특정한 문제를 해결하는 특정한 방법이나 절차를 제시한다[3]. 그러나 전략이나 뒤에 있는 의미를 이해하지 못하면, 알고리즘이 다른 문제상황에 전이되지 않는데, 이런 한계 때문에 좀 더 유용한 발견 전략이 더 큰 관심을 받는다.

발견법

발견전략(heuristic strategy, "알아내다" 혹은 "발견하다"는 의미의 고대 그리스어에서 유래된)은 실질적 방법을 사용하는 문제해결의 접근 방법으로서, 최적이고 완전하다거나 논리적이고 합리적이란 보장은 없지만, 대신 문제해결에 충분히 도달할 수 있는 방법의 발견을 강조한다. 본래 이 개념을 심리학에 도입한 것은 미국의 노벨경제학상 수상자 사이먼(Herbert A. Simon, 1916–2001)이었다. 사이먼은 주요 연구에서 사람들이 일반적으로 "제한된 합리성"이라고 하는 범위 안에서 문제해결에 접근한다는 것을 밝혔다. 발견법은 문제공간 전체를 통해 적용할 전략을 제시하는 경험법칙이다. 가장 기본적인 발견법이 **시행착오법**(try and error)인데, 기본사항을 일치시키는 것부터 조각그림 맞추기를 완성하거나, 대수문제에서 변수 값을 구하는 것까지 모든 일에 활용할 수 있다. 또, 해법에 이르는 가능한 모든 행동과 움직임을 분석하는 **완결탐색**(exhaustive

---

[3] Bessock,M. & Holyoak,K. (1989). Interdomain transfer between isomorphic topics in algebra and physics. *Journal of experimental Psychology: Learning, Memory, and cognition*, 15, 154–166.

search)도 매우 기본적인 또 다른 발견법이다. 그러나 둘 다 그렇게 효율적인 접근방법은 아니다. 가장 효율적인 발견전략의 하나가 **수단목표분석**(means-end analysis)이다. 이 전략에는 "현재 상태와 목표와의 차이는 무엇인가?"라는 질문이 들어있다. 그래서 차이를 정의하고, "차이를 줄일 수 있는 가능한 수단은 무엇인가?"라고 묻는다. 예를 들면, "백화점에 가려고 한다. 지금 있는 곳과 백화점 사이의 거리는 얼마인가? 어떻게 거리를 줄일 수 있는가? 차로. 그런데 차가 시동이 걸리지 않는다. 시동을 거는 데 필요한 것은? 배터리 등." 수단목표분석은 초기문제(백화점에 도착하기)를 일련의 하위문제(차가 움직이도록 하기, 밧데리 구하기)로 대치한다. 이 과정을 반복하면, 하위목표는 더 작은 하위목표로 세분되면서, 원하는 해법으로 가는 경로가 형성된다.

문제공간을 이런 방식으로 이해하면 몇 가지 장점이 있다. 첫째, 하위문제들은 대체로 처음 문제보다 덜 복잡해서 풀기 쉽다. 또 하위목표도 대개 더 간단하다. 예를 들면, 백화점에 가는 가장 빠른 길이 고속도로로 가는 것이란 걸 알았으면, "백화점에 가기"는 "고속도로에 가기"로 대치되고, 이것은 더 수행하기 쉬운 서브루틴으로 구성된다. 마지막으로, 더 작은 하위목표는 문제를 훨씬 감당할 만하게 하여 압도되지 않게 한다.

수단목표발견법(means-end heuristic)에 대한 많은 연구가 **하노이 탑**(Tower of Hanoi) 문제의 해법을 어떻게 발견하게 되는가라는 연구로 진행되었다(그림 2.1을 보라). 문제에서 말뚝 세 개가 있는 널판을 제시한다. 첫째 말뚝에 원반을 크기 순서로 가장 큰 것을 밑바닥에, 가장 작은 것을 꼭대기에 놓았다(단계0을 보라). 목표는 원반을 한 번에 한 개씩 옮겨서 원반 세 개를 널판 위 오른쪽 끝에 있는 말뚝에 같은 순서로 쌓는 것이다(단계7을 보라). 원반을 다른 말뚝에 놓을 수 있는데, 단 옮기는 원반이 아래 놓인 원반보다 작아야 한다. 해결하는 경로가 많이 있지만, 가장 효율적인 7-단계 해법이 그림 2.1에 있는 방법이다[4].

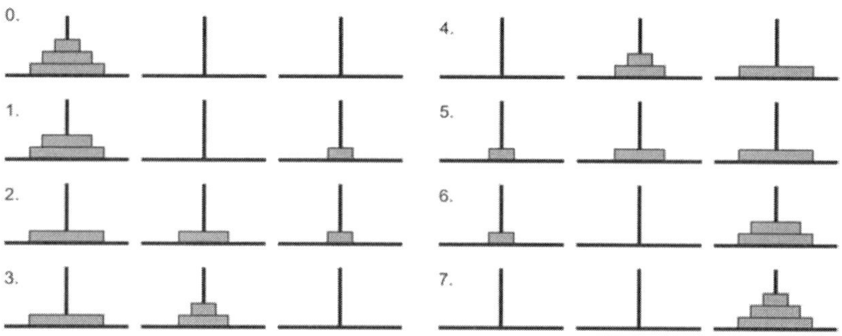

‖ 그림 2.1 ‖

하노이 탑 문제를 연구하기에 거의 "완벽한 문제"라고 말하고 있는데, 이 문제가 잘 정의된 문제의 중요한 특징을 가지고 있기 때문이다. 분명하게 정의된 초기상태(initial state)가 있고, 분명하게 정의된 목표상태(goal state)가 있으며, 문제공간(problem space)을 통과하는 분명한 행동이 있다. 또한, 해법을 알아내는 데 특별한 지식이나 사실을 필요로 하지 않는다. 성인과 어린 아동 대부분이 약간의 노력과 생각으로 세 원반 문제를 쉽게 풀 수 있다. 그러나 이 문제는 간단히 원반

---

[4] 하노이 탑 문제의 변형을 카드게임으로 할 수 있다. 같은 슈트(스페이드)의 카드 4장을 숫자 순서로 —에이스, 2, 3, 4— 쥔다. 카드를 스페이스에 놓고 A라고 한다. 카드 오른쪽에 빈 스페이스 B와 C를 설정한다. 카드를 스페이스 C에 똑같은 규칙에 따라 이동하는 것이 목표다. 규칙: 한 번에 한 카드만 새 스페이스로 이동할 수 있고, 수치가 큰 카드를 수치가 작은 카드 위에 놓아서는 안 된다.

수를 늘리기만 해도 훨씬 어려워진다. 즉, 원반이 네 개가 되면 가장 효율적인 해는 15단계가 된다. 대부분의 아동과 성인 중 많은 이가 네 원반 문제는 어려워한다.

대부분이 세 원반 문제를 시작할 때 시행착오법이나 또는 가장 작은 원반을 세 번째 말뚝에 옮기면서 곧바로 목표를 달성하려고 한다(단계1). 그렇지만 이내 목표상태를 좀 더 신중하게 생각해야 한다고 깨닫는다. 가운데 원반을 두 번째 말뚝에 옮기는 두 번째 행동 다음(단계2), 새로운 문제를 만난다: 가장 큰 원반을 옮겨놓을 자리가 필요하다. 가운데 원반을 첫 번째 말뚝에 도로 갖다 놓거나, 가장 작은 원반을 첫 번째 말뚝에 도로 갖다 놓을 수 있겠지만, 그렇게 해서는 하위목표인 가장 큰 원반을 옮길 수 없다. 그렇게 해서 최종목표를 달성하려 하면 이동 횟수가 늘어난다. 최적의 이동은 가장 작은 원반을 가운데 말뚝으로 옮겨 가운데 원반 위에 놓는 것이다(단계3). 이제 가장 큰 원반을 세 번째 말뚝에 옮길 수 있다(단계4). 대개 이쯤 되면 최종 목표상태로 가는 길이 훤히 보인다.

이 수단목표분석의 핵심에는 하위목표설정 과정이 있다. 행동을 했을 때 장애가 발생하면, 그 장애를 제거하는 것이 첫 번째 하위목표로서 새로운 목표가 된다. 이 3단계 과정은 최종목표상태에 이를 때까지 새로운 장애가 나타나면 되풀이 하면서 반복된다. 하노이 탑의 세 원반문제에서 첫 번째 장애는 원반을 세 말뚝 전부에 올려놓아 최종목표를 향해 더 이상 이동할 수 없게 되는 단계2에서 발생한다. 유일하게 가능한 이동은 최종목표에서 뒤로 물러나는 것이다. 이 하위목표를 해결하면 가장 큰 원반을 옮길 세 번째 말뚝을 비우게 된다.

종종, 단계3과 4 사이에서, "아하" 경험을 할 수도 있는데 ㅡ아동이나 성인은 "이제 알았다!"고 소리치고, 목표가 시야에 분명히 보여 마지막 세 단계는 매우 빠르게 해낸다.

수단목표분석을 연구하기 위한 또 다른 유명한 문제가 **호빗과 오크 문제**이다[5]:

> 호빗 셋과 오크 셋이 강을 건너려고 한다. 강에는 보트가 하나 있고 보트에는 둘만 탈 수 있다. 오크 수가 더 많으면 호빗을 잡아먹기 때문에 강 이쪽이나 저쪽에서 오크가 호빗 수보다 더 많이 있게 되어서는 안 된다. 어떻게 하면 호빗이 해를 입지 않으면서 호빗과 오크 모두 무사히 보트로 강을 건널 수 있을까?

이 문제는 훨씬 어렵다.

해법은 그림 2.2에서와 같이 12단계가 필요하다(그림에서 밑줄은 강, H= 호빗, O= 오크, b=보트를 나타낸다). 첫 번째 중요한 하위목표는 오크가 모두 강을 건너기 전에 호빗이 모두 강을 건너야 한다는 것을 알아차리는 일이다. 해법을 구할 때 어려움은 호빗과 오크를 함께 태워 보트를 돌려보내야 하는 단계6에 있다. 이 단계가 현재상태와 목표상태 사이의 가장 큰 차이를 줄이려고 하는 우리 직관과 대항하기 때문에 직관과 반대가 된다. 이 문제를 풀면서 대부분 단계7(호빗 하나 오크 하나 되돌려 보내기)로 가기보다는 단계5로 되돌아간다(호빗 둘 되돌려 보내기). 호빗과 오크 문제는 일시적으로 원하는 목표상태에서 기꺼이 뒤로 가려고

---

[5] Meyer,R.E. (1992). *Thinking Problem Solving, Cognition*, New York: Worth Publishing.

하지 않기 때문에 어렵다.

	위	아래	
1.	HHHOOO (b)		
2.	HHOO	HO (b)	호빗 하나 오크 하나 보내기
3.	HHHOO (b)	O	오크는 두고 호빗 되돌아가기
4.	HHH	OOO (b)	오크 둘 보내기
5.	HHHO (b)	OO	오크 하나 되돌아가기
6.	HO	HHOO (b)	호빗 둘 보내기*
7.	HHOO (b)	HO	호빗 하나 오크 하나 되돌아가기
8.	OO	HHHO (b)	호빗 둘 보내기
9.	OOO (b)	HHH	오크 하나 되돌아가기
10.	O	OOHHH (b)	오크 둘 보내기
11.	OO (b)	OHHH	오크 하나 되돌아가기
12.		OOOHHH (b)	마지막 오크 둘이 건너온다

‖ **그림 2.2** ‖

도움이 될 수 있는 또 다른 전략적 발견법은, 다소 수단목적분석과 관계되지만, **역방향풀기**(거꾸로 풀기, working-backward)발견법이다.

이 전략은 문제의 초기상태에 적용할 수 있는 오퍼레이터나 행동이 너무 많을 때 흔히 사용한다. 원하는 목표상태에서 시작하여 원하는 목표가 참이어야 하는 가능한 조건들을 검사한다. 이 과정을 "목표 전" 상태 단계마다(현재상태가 참이려면 어떤 상태가 필요할까를 다시 결정하는 과정) 계속한다. 하노이 탑의 세 원반 경우, 목표상태가 달성되기 전에 가장 큰 원반을 세 번째 말뚝 위에 놓아야 한다는 것을 알아차리는 것이 필요하고, 이를 달성하려면 작은 두 원반을 두 번째 말뚝에 놓아야 하고 등.

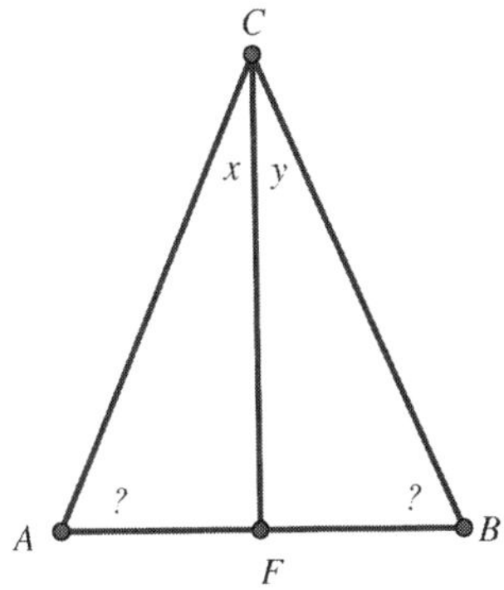

‖ 그림 2.3 ‖

역방향풀기의 또 다른 예로서 이등변삼각형의 두 밑각이 같다는 증명을 살펴보자(그림 2.3을 보라). 역방향풀기는 두 각이 같다는 것을 어떻게 증명할 것인지 질문한다. 만일 두 각이 합동인 삼각형에서 대응하는 각이라면 서로 같다는 결론을 얻을 수 있다. 그러면 주어진 이등변삼각형에서 어떻게 합동인 두 삼각형을 만들어낼 것인가 질문한다. 꼭지각 C를 이등분한다면, 두 삼각형을 얻을 수 있을 것이다. 그리고 이 두 삼각형이 합동이라면, 원하는 결론에 도달할 수 있다. $\angle x = \angle y$이 되도록 각 이등분선 CF를 그으면 합동인 두 삼각형을 만들 수 있다, 이제 $\triangle ACF \equiv \triangle BCF$이다(합동조건 SAS에 의해). 그러므로 두 삼각형이 합동이기 때문에 두 밑각은 대응하는 각으로서 $\angle A = \angle B$이다. 이 해법은 두 밑각이 같다고 하고, 목표상태가 참이려면 참이 되어야 할 조건을 찾는 것이기 때문에 역방향풀기의 예라고 할 수 있다.

다음 문제는 역방향풀기법의 강력함을 보여주는 좀 더 복잡한 또 다른 예이다.

> 두 수를 합하면 2가 되고 곱하면 5가 된다. 이 두 수의 역수의 합을 구하여라.

이런 문제는 대수시간에 드물지 않게 볼 수 있다. 대부분의 학생들은 시작하면서 곧바로 미지수가 둘인 두 방정식을 세운다:

$$x + y = 2, \quad xy = 5.$$

이 두 방정식은 연립해서 이차방정식 $ax^2 + bx + c = 0$에 대한 근의 공식 $x = \frac{-b \pm \sqrt{b^2 - 4ac}}{2a}$을 이용하여 풀 수 있다. 그러나 그렇게 하면 x와 y에 대하여 모두 복소수근 $1 + 2i$와 $1 - 2i$가 나온다. 처음 문제의 요구에 따라 이 두 근의 역수를 취해서 그 합을 구하면,

$$\frac{1}{1+2i} + \frac{1}{1-2i} = \frac{(1-2i)+(1+2i)}{(1-2i)(1-2i)} = \frac{2}{5}.$$

이 방법에 잘못된 것은 전혀 없지만, 이 문제를 해결하는 가장 우아한 해법이 아니며, 가장 이해하기 쉬운 것도 아니다.

역방향풀기로 하면, 문제에서 뒤로 밟아가며 무엇이 필요한지 알 수 있다. 기이하게도 이 문제는 x와 y값이 아니라, 이 두 수의

역수의 합을 묻고 있다. 즉, $\frac{1}{x}+\frac{1}{y}$를 구해야 한다. 역방향풀기전략을 활용하여 이 값이 어디에서 나올 수 있는가 물어보자. 두 분수를 더하면 답이 나온다. 그러므로 $\frac{1}{x}+\frac{1}{y}=\frac{x+y}{xy}$. 여기서 얻은 식은, 두 수의 합이 2이고 곱이 5이므로, 즉시 이용할 수 있다. 간단히 이 값을 마지막 분수에 대입하여 $\frac{1}{x}+\frac{1}{y}=\frac{x+y}{xy}=\frac{2}{5}$을 얻음으로써 문제를 해결한다.

다음 문제도 역방향풀기절차의 강력함을 보여준다.

> 11-리터들이 통 하나와 5-리터들이 통 하나가 있다. 어떻게 하면 정확히 물 7리터를 잴 수 있는가?

대부분이 "영리하지 못하게" 추측하고 점검하기 전략으로 단순히 답을 추측한 다음, 정확한 답을 얻기 위해서 이리저리 "물 붓기"를 할 것이다. 그러나 역방향풀기전략을 활용하면 이 문제를 좀 더 조직적인 방법으로 해결할 수 있다. 문제는 11-리터 통에 7리터를 남기면 해결되므로, 이 통에서 4리터를 비워야 한다. 그러나 이 4리터를 어디서 비울 수 있을까(그림 2.4를 보라)?

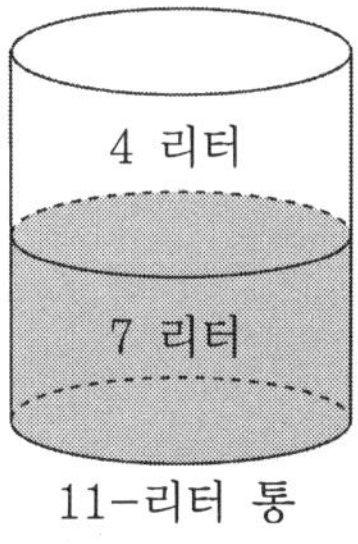

‖ **그림 2.4** ‖

4리터를 얻으려면 5-리터 통에 1리터를 남겨야 한다. 그럼 어떻게 하면 5-리터 통에 1리터를 남길 수 있을까? 11-리터 통에 물을 채운 다음 그 통에서 5-리터 통에 가득 두 번 물을 채우고 쏟아내면 11-리터 통에 물 1리터가 남게 된다. 이 1리터를 5-리터 통에 쏟아 붓는다(그림 2.5를 보라).

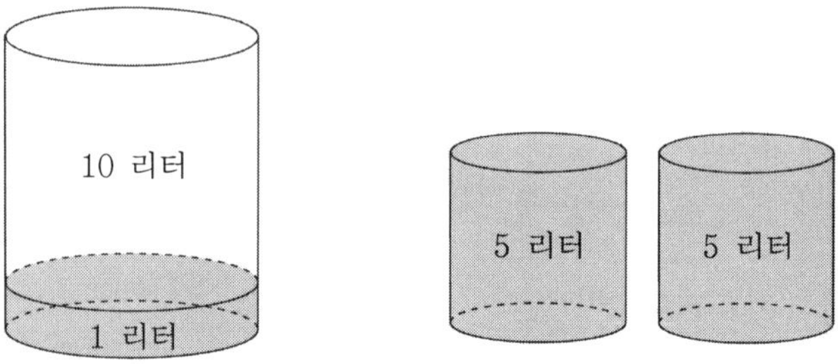

‖ 그림 2.5 ‖

이제, 11-리터 통에 물을 채우고 이 물을 5-리터 통에 가득 차는데 필요한 4리터를 쏟아 부으면, 11-리터 통에 7리터가 남는다(그림 2.6을 보라).

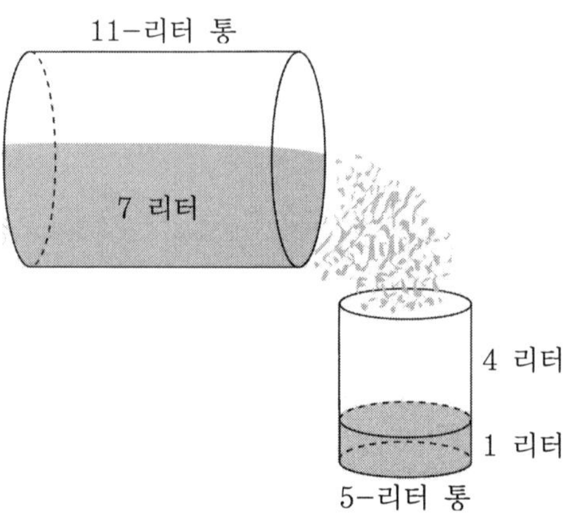

‖ 그림 2.6 ‖

이런 종류의 문제에 항상 해법이 있는 것은 아님을 주목하기 바란다. 즉, 이런 종류의 문제를 추가적으로 제작하려고 한다면, 주어진 두 통의 용량의 배수의 차가 구하는 양과 같을 경우에만 해법이 존재한다는 것을 명심해야 한다. 이 문제에서는, $2(11)-3(5)=7$. 이 개념을 홀짝성에 대한 논의로 이끌어 갈 수 있다. 홀짝성이 같은 두 수의 합은 짝수인 반면(즉, 짝수+짝수=짝수; 홀수+홀수=짝수), 홀짝성이 다른 두 수의 합은 언제나 홀수이다(홀수+짝수=홀수). 그러므로 두 짝수인 양이 주어졌다면, 거기서 홀수 양은 절대 나오지 않는다. 토론을 더 계속하면 학생들은 수의 중요한 성질과 개념에 대한 통찰이 더 필요하기 때문에 유익하고 생산적이다.

다양한 문제를 해결하는데 사용할 수 있는 발견법에는 여러 종류가 있다. 폴리아(George Poly)의 고전적 저서 《어떻게 문제를 풀 것인가(How to Solve It)》[6]에서 수학문제에 흔히 사용하는 발견법 몇 가지를 여기에 제시한다.

- 문제를 이해하기 어려우면 그림을 그려보아라.
- 해법을 구할 수 없으면, 해법을 구했다고 가정하고 해법으로부터 무엇을 끌어낼 수 있는지 살펴보아라("역방향풀기").
- 문제가 추상적이면, 구체적인 예를 찾아 점검해 보아라.
- 더 일반적인 문제를 먼저 풀어보아라("발명가의 역설inventor's paradox": 야망이 크면 성공할 기회가 더 많다).

[6] Polya,G. (1945). *How to Solve It?* Princeton, NJ: Princeton University Press.

대체로 그림이 필요하지 않지만 그림을 그리는 것이 의미 있는 예로, 만일 기하라면 물론 그림이 필요하겠지만, 그림을 그려야한다는 생각이 들지 않는 다음 문제를 보자.

> 시계가 5:00에 5초 동안 종을 다섯 번 울린다. 이 시계가 10:00에 같은 비율로 종을 열 번 울린다면 시간이 얼마나 걸릴까?(종을 울리는 것 자체는 시간이 걸리지 않는다고 가정한다)

정답은 10초가 아니다! 이 문제의 성격으로는 그림을 그려야한다는 생각이 들지 않는다. 그러나 일어나는 것을 정확하게 이해하려면 상황에 대한 그림을 활용하게 된다. 그래서 그림 2.7을 보면, 시간이 모두 5초 걸리고 울림 사이 간격이 4개 있다.

‖ **그림 2.7** ‖

그러므로, 매 간격마다 $\frac{5}{4}$초 걸린다. 이제 두 번째 경우를 보자:

그림 2.8을 보면, 10번 울릴 때 간격이 9개인 것을 알 수 있다. 간격 하나에 $\frac{5}{4}$초 걸리므로, 10:00에 시계가 울리는데 걸리는 시간은 $9 \cdot \frac{5}{4} = 11\frac{1}{4}$초가 된다.

‖ **그림 2.8** ‖

한 문제에 대하여 다른 발견법은 관점을 다르게 택할 수 있다(블록버스팅blockbusting이라 부르는, 문제를 새로운 방식으로 바라보려는 적극적 시도). 이것은 문제를 가끔 극단적으로 살펴보면 해낼 수 있다. 다음 문제는 극단적인 경우를 생각할 때 가장 잘 풀리는 예라고 볼 수 있다:

> 1-리터 들이 병이 둘 있다. 한 병에는 레드와인이 반 리터 있고 다른 병에는 화이트와인이 반 리터 있다. 레드와인을 한 스푼 가득 따라내어 화이트와인 병에 담고, 완전히 섞어 혼합한 다음, 혼합한 와인에서 한 스푼 따라내어 레드와인 병에 담았다. 화이트와인 병에 들어있는 레드와인의 양과 레드와인 병에 들어있는 화이트와인의 양 중 어느 것이 더 많을까?

보통 문제에 접근하는 방법은 여러 가지 있지만, 여기서는 주어진 정보-즉 스푼-을 이용하려고 할 것이다. 약간의 행운과 그리고 영리하다면 정답을 얻을 수도 있지만, 별로 쉽지 않고 확신을 주지 않을 수도 있다. 스푼의 크기는, 큰 스푼도 있고 작은 스푼도 있기 때문에, 문제가 되지 않음을 알 수 있다. 매우 큰 스푼을 사용한다고 생각해 보자. 반 리터를 다 담을 수 있을 만큼 거대한 스푼이라면 – 이것이 극단적 조건이 된다. 레드와인 반 리터를 화이트와인 병에 부으면, 레드와인 50%와 화이트와인 50%의 혼합와인이 된다. 잘 섞인 혼합와인에서 반 리터를 스푼으로 따라내어 레드와인 병에 다시 부어 담으면, 혼합와인은 두 병에 똑같이 들어 있다. 그러므로 레드와인 병에 화이트와인이 들어있는 양만큼 화이트와인 병에 레드와인이 들어있다.

또 다른 형식의 극단적인 경우를 활용할 수 있는데, 스푼이 옮기는

와인의 양을 0이라고 하는 경우다. 이 경우에는 결론이 바로 나온다. 레드와인 병에 들어있는 화이트와인의 양과 같은 양의 레드와인이, 즉 0이, 화이트와인 병에 들어 있다.

그리고 이 문제의 해법으로 논리적 추론을 이용하는 또 다른 해법도 있다. 처음 와인을 "옮길" 때, 스푼에는 레드와인만 있다. 두 번째 와인을 "옮길" 때, 스푼에는 "화이트와인 병"에 들어있는 레드와인 양만큼 화이트와인이 있다. 이 점은 약간 더 생각이 필요하지만, 대부분 곧 이해할 수 있다.

그러나 가장 중요한 것은, 블록버스팅은 초기에 문제를 이해한 방법에 대한 집착을 깨달아 가면서 새로운 방식으로 나타내려고 적극적으로 행동하는 것이다. 많은 기하문제를 논리적(연역적) 추론을 이용하여 해결한다. 세부사항이나 특정한 문제의 요소를 재조직하는 것도 효과적인 발견법이다. 모든 문제에 적용할 수 있는 발견법이란 없다. 그리고 발견법이 해를 얻게 해준다는 보장도 없다. 발견법은 해를 얻는데 도움이 되는 도구라고 생각하는 것이 최선이다. 그러나 어떤 발견법이라도 사용하는 핵심은 발견이다. 해법을 얻는 경로를 스스로 발견해야 한다. 그러므로 문제가 해법 전략을 배우거나 가르치는 방법이 된다. 일반적인 교과과정에서는 이것이 어렵다. 발견법을 찾아내려면 문제공간을 탐구할 시간이 필요하다. 정확한 해답보다는 해답에 이르는 정확한 길을 강조해야 한다. 시작할 때 잘못이나 실패는 견뎌내야 하고 가르침이나 배움의 순간으로 활용해야 한다. 성공적인 발견법은 시작할 때 잘못이나 실패에 대한 반작용에서 오는 경우가 매우 흔하다.

문제표현의 중요성

문제에 직면하면, 해법에 이르기 위한 올바른 전략이나 도구를 선택하는 것이 문제공간을 어떻게 나타내고 이해하는가의 문제이다. 다음 통찰 문제를 보자.

> 작은 도시에 사는 한 남자가 이 도시에 사는 여인 스무 명과 married(결혼했다). 모든 여인이 여전히 도시에 살고, 남자는 그 누구와도 divorced(이혼하지) 않았다. 그래도 남자는 법을 어기지 않았다. 어떻게 이 상황이 가능할까?

해답은 남자가 승려이기 때문에 법을 어기지 않았다는 것이다. 이 해답을 얻기 위해서는, 문제가 제시하는 내용을 정확하게 나타내야 한다. 대부분 결혼하는 것을 수동적 의미로 "gets married(결혼한다)"라고 생각한다. 해법은 "married(결혼시키다)"와 "divorce(이혼시키다)"를 능동적 의미로, 누군가 능동적으로 "타인을 위해서(for others)" 하는 것임을 이해하는데 있다. 이 경우에 발견법만을 사용하여 문제를 풀려고 하면 도움이 되지 않는다. 문제공간을 다시 구성해서 문제에 대한 이해를 새롭게 만들어내야 한다.

표현의 중요성을 보여주는 멋진 예는 위대한 독일의 수학자 가우스(Carl Friedrich Gaus, 1777–1855)에 관한 전설적인 유명한 이야기이다[7].

---

[7] Wertheimer,M. (1945/1982). *Productive Thinking*. Chicago, IL: University of Chicago

독일의 브룬스빅에서 태어난 가우스는 아주 어렸을 때부터 엄청난 수학적 재능을 드러냈다. 세 살 때 아버지 회계장부를 기록했다고 전해진다. 초등학교 때는 긴 계산을 간단히 하는 패턴을 찾아내어 선생님을 놀라게 했다. 가우스 선생님은 수업시간에 학생들에게 1부터 100까지 수를 모두 더하라고 했다. 아마 선생님이 다른 볼 일이 있어 학생들이 계산하는데 시간을 보내도록 할 생각이었던 것 같다. 선생님에겐 안됐지만, 가우스는 재빨리 정답에 이르는 지름길을 찾아냈다. 가우스는 주어진 순서로 $1+2+3+\cdots+98+99+100$와 같이 더하는 것 보다, 첫 번째와 마지막 수를 더하여 $1+100=101$, 두 번째와 두 번째 마지막 수를 더하여 $2+99=101$, 세 번째와 세 번째 마지막 수를 더하여 $3+98=101$, 이렇게 하는 것이 더 효율적이라는 것을 알았다. 이렇게 계속해 가면 합이 101이 되는 50쌍을 얻게 되므로 구하는 합은 간단히 $50\times101=5050$이 된다.

반면 가우스의 반 학생들은 착실하게 오늘날 **언덕 오르기**(hill-climbing)라고 부르는 전략을 사용해서, 초기상태와 목표상태 사이의 차이를 줄이기 위해 계속 제기되는 새로운 하위목표를 해결하면서 목표상태를 향해 꾸준히 나아간다:

$$10+5=15\ \cdots$$

$$6+4=10$$

$$3+3=6$$

$$1+2=3$$

Press, for one account of this legend.

대신, 가우스는 문제를 각각의 합이 101이 되는 50개의 쌍으로 나타냄으로써 5050을 구했다.

본질적으로 가우스의 해법에는 재편성−문제를 고려하여 수열을 재조직−하고 수열의 합과 그 구조 사이의 내적 관계를 파악하는 시도가 있다. 결과적으로 다양한 요소가 목표를 따라 기능적으로 결정되는 새로운 의미를 갖게 된다. 오스트리아–헝가리 심리학자 베르트하이머Max Wertheimer, 1880–1943는 여러 연령의 아동들에게 같은 문제를 물었을 때 ―"번거로운 덧셈을 하지 않고" (1부터 10까지 모두 더하라)― 어린 가우스와 같은 아동은 거의 없다는 것을 알았다. 그렇지만 몇몇 아동이 결국에는 가우스의 멋진 해법에 근접해 있다는 것을 발견했다. 몇몇 경우에, 아동은 문제가 급수 (n+1)를 나타낸다는 것을 알고, 그 급수가 쌍 $\left(\frac{n}{2}\right)$으로 나타낼 수 있다는 것을 알아낸다. 또 다른 아동은 숫자들을 기능적으로 관련된 증가수열과 감소수열로 볼 수 있음을 이해한다. 어떤 아동은 문제를 증가수열로 적어놓고 문제를 풀기 위해 그 바로 아래에 감소수열로 적는다. 그렇게 해서 증가수열과 감소수열에서 얻는 쌍들의 합이 모두 같다는 것을 알아낸다. 이러한 해법이 가우스와 비교해 그만큼 멋지지 않지만, 베르트하이머는 이것이 가우스의 해법이 단지 우연한 천재적 솜씨가 아니라 문제구조 안에 있는 기능적 관계를 이해한 결과임을 입증한다고 보았다. 즉, 문제를 표현하는 방식을 보는 것이다.

마지막으로, 문제 나타내기가 얼마나 중요한 것인지를 보여주는 인상적인 실례는 애너그램(anagram, 語句轉綴, 단어 만들기)에 대한 작은 연구[8]에서 나온 해법 구하기이다.

대학생들에게 정해진 시간에 다음 애너그램을 풀어보라고 했다. 예를 들어,

kmli graus teews recma foefce ikrdn

몇몇 학생들은 그런 단어 문제를 조직화되지 않은 방식으로 나열하고 시간 안에 해를 구했다(해를 구하는데 걸린 시간은 평균 12.2초였지만, 위에 보인 것이 아니었고, 그의 해는 milk, sugar, sweet, cream, coffee, drink이었다). 다른 학생은 그 뒤섞인 단어를 대략 특정한 주제로 조직하여 제시하였다 – 그 주제는 리스트에 일찍 제시하였다 – 예를 들어, 카페*café*(카페를 염두에 두고 되돌아가 단어를 풀어보는). 주제를 인식한 학생들은 같은 애너그램 문제에 대하여 시간이 절반 정도 걸렸다(끝마치는데 평균 7.4초). 애너그램에 대하여 의미 있는 카테고리로 나타내거나 생각해 보는 것이 말 그대로 눈앞에 보이는 요소와 문자를 이해하는데 전적으로 영향을 주어 카페와 관련된 단어를 형성하게 한다.

문제에 직면하면 해법을 구하는 가능한 안내자로 과거경험을 활용하지 않을 수 없다. 그러나 사전경험은 도움이 될 수도 있고 방해가 될 수도 있다. 마음가짐이 있으면 과거의 해법을 빠르게 사용할 준비를 하거나 새로운 문제의 특징이나 빤한 해답을 보지 못할 수도 있다. 이 차이를 만드는 것은 과거 경험을 감안하여 문제를 나타내는 방식에

---

[8] Safren,M.A. (1962). Associations, set, and the solution to word problems. *Journal of Experimental Psychology*, 64, 40–45.

있다. 앞에서 말했던 것처럼, "marriage"란 단어의 의미를 능동적으로 해석하면 어떻게 위법함이 없이 여러 번 marriage를 할 수 있는지 이해할 수 있다. 또 문제를 덧셈을 계속하는 문제로 보는 대신, 증가수열과 감소수열 사이의 관계로 볼 수 있거나, 단어를 글자가 뒤섞인 의미로 추측하는 대신, 글자를 조직된 개념 면에서 바라보는 것이 해법을 구하는데 있어서 모든 차이를 만든다. 문제를 어떻게 나타내느냐가 문제의 요소와 세부를 이해하는 방식에, 그래서 결과적으로 해법을 어떻게 찾느냐에 영향을 준다. 어떻게 하면 다양한 종류의 문제를 서로 다른 방식으로 나타낼 수 있을까?

거의 모두가 동의하는 한 가지 방법은 여러 가지 형태의 문제와 문제해결전략을 경험하고 그것을 실제로 활용하는 것이다. 좋은 문제해결자가 되려면 여러 타입의 문제를 해결하는 데 많은 시간을 보내야 한다. 그와 같은 문제해결경험 레퍼토리를 가지고 있다면 문제를 접근하는 방식과 그리고 결국 문제를 해결하는 방식에서 드러나게 된다고 생각할 수 있다. 이런 종류의 충분한 실습이 대부분 획득할 수 있는 장거리 목표, 즉, 마주치는 새로운 문제해결에 이러한 동일한 문제해결전략을 자연스럽게 활용하게 하는 목표가 된다. 이런(왔다 갔다 하는)학습의 전이는 여러 가지 방식의 문제해결 전략을 도입하면서 잘 알게 된다(예: 수학문제, 문장문제. 실생활상황문제).

문제해결전략을 획득하는 데 적어도 세 가지 방법이 있다. 그에 관해 듣거나, 다른 사람이 사용하는 것을 관찰하거나, 또는 스스로 발견하는 것이다[9]. 다른 사람이 사용하는 것을 관찰하거나 활용법을 소개받거나 하여 획득하는 것은 사회적 학습[10]에 포함되며 동등한 효과가 가능하다. 그리고 예제를 관찰하면서 소개받는다면 매우 좋은 방법이다. 개발한 예제를 제시하는 것이 문제해결기술개발지도에 가장 효과적인 방법 가운데 하나라는 것이 여러 번 증명되었으며, 예제에 대한 전략이 모호할 경우 보다 형식적인 설명이 큰 도움이 될 수 있다. 예를 들어, 아동에게 $3 \times 2 + 5 = 6 + 5 = 11$과 같은 문제를 보여주고 나서 문제 $4 + 6 \times 2 = ?$를 제시하면, 20이라고 종종 틀린 답을 한다(잘못해서 4와 6을 더하고 거기에 2를 곱함). 식의 계산을 지도할 때 곱하기(와 나누기)는 항상 먼저 해야 한다고 주의를 환기한다.

스스로 문제해결전략을 발견하는 것이 좋은 획득방법이다. 발견에 의해 전략을 획득하면 전략에 대한 기능을 더 잘 이해하게 되며 또한 변형된 다른 문제상황으로 전이하는 데에도 도움이 된다. 그러나 스스로 전략을 발견하는 것이 복잡해질 수 있다. 그러한 발견이 언제나 분명한 것은 아니다. 시간이 걸릴 수도 있고 좌절할 수도 있다. 교육현장이 항상 스스로 발견할 수 있도록 되어 있지는 않다. 가장 먼저, 문제해결에 대한 올바른 태도를 가져야 한다.

---

[9] Levine,M. (1994). *Effective Problem Solving*. Upper Saddle River, NJ; Prentice-Hall.

[10] Akin,E. (1996). Logic of errors, In A.S.Posamentier and W.Schultz(eds.), *The Art of Problem Solving: A Resource for Mathematics Teachers*, Thousand Oaks, CA: Corwin Press.

동기

동기에서 차이는 언제나 분명하다[11]. 수업 시간에 간단한 복면산 문제를 제시해보면 일반적으로 두 가지 반응을 볼 수 있다.

다음 계산이 정확히 되도록 문자에 알맞은 숫자를 적어 넣어라.

$$\begin{array}{r} A\ D \\ +\ D\ I \\ \hline D\ I\ D \end{array}$$

어떤 학생은 종이와 연필을 들고 모든 문자를 쏟아 적는다. 다른 학생은 힐끗 문제를 보고 말한다. "난 이런 걸(또는 수학을) 잘못해"라거나 "난 이런 것에 관심 없어". 앞에 속하는 학생은 문제에 적극적으로 몰두하여(engages) 해답을 얻어낸다.

$$\begin{array}{r} 9\ 1 \\ +\ 1\ 0 \\ \hline 1\ 0\ 1 \end{array}$$

뒤에 속하는 학생은 문제를 묵살한다. 이런 구별은 지나친 단순화이긴 하지만 동기적 태도가 중요한 차이를 시사한다. 문제를 묵살하는 학생은 아마도 평가에 실패했던 과거나 불안을 반영하는 것으로, 그 결과 문제상황을 묵살하는 것이다. 그들은 해보려는 시도조차 하지

[11] Hartman,H. (1996). Cooperative approaches to mathematical problem solving. In A.S. Posamentier and W. Schultz (eds.), *The Art of Problem Solving: A Resource for Mathematics Teachers*, Thousand Oaks, CA: Corwin Press.

않는다. 문제해결에 실패한 것이 아니라, 문제에 참여조차 하지 않은 것이다. 문제에 적극적으로 참여하는 학생에게는 실패하거나 평가받는 것이 위협이 되지 않고, 실수에 대해 더 강한 내성을 지니고 있다. 불안과 동기에 대해서는 제 4장에서 자세하게 특히 불안을 관리하고 더 우수한 문제해결자가 되려는 동기를 증가시키는 기법을 다룰 것이다. 욕구불만내성(frustration tolerance) 또한 문제해결의 중요한 부분이다. 예를 들어, 낮은 욕구불만내성은 인내력에 영향을 준다. 그래서 문제해결전략 발견의 전제조건 하나가 문제에 친밀하게 적극 참여하도록(intimately engage) 문제해결에 적극적인 태도를 갖는 것이다. 문제해결을 평가를 위한 시험으로 보아서는 안 되며, 침착하게 해법을 구하는 서로 다른 방법을 가르치고 배우는 수단이라고 보아야 한다.

문제해결전략을 발견하기 위한 또 다른 전제조건은 해법에 이르는데 걸리는 시간에 관한 태도를 변화시키는 것이다. 흔히 우수한 문제해결자나 총명한 사람은 해법에 빨리 도달한다고 생각한다. 그러나 속도는 전략의 레퍼토리를 확실히 정했을 때 나온다. 가우스도 수열에 관한 자신만의 고유한 사고방법을 이미 가지고 있었기 때문에 그렇게 빨리 해법을 얻을 수 있었다. 그러나 특정한 타입의 문제를 처음 마주친다면, 문제공간을 탐색할 시간이 필요하다. 어떤 전략을 시도해 볼 시간이 필요하고, 실수와 잘못을 저지르고, 그러고 나서 다른 접근을 시도한다. 달리 말해, 경쟁 없이 그리고 좌절하지 않고 문제전략발견에 접근해야 한다. 이것은 학생들이 문제해법을 서로 경쟁하게 하는 것보다, 협력하여 구하도록 함으로써 학교 수준에서 이루어질 수 있다. 다른 학생과 협력하는 것은, 사고과정을 말로 표현하거나 문제에 대한 서로 다른 관점을 갖도록 격려하는 것과 같은 여러

이점이 있다. 학생들의 해법만이 아니라 문제해결과정에 대해서도 칭찬해야 한다.

우리들 모두가 문제를 애써 풀다가 막혀버린 느낌에 좌절하고, 한동안 문제를 떠나 있다가 돌아와 새롭게 접근했던 경험을 가지고 있다. 때때로 문제해결전략은 잠복기(incubation)가 지난 후 나타난다. 문제를 풀고 있지만 진전이 없다. 잠시 후, 포기하고 다른 일로 생각을 돌린다. 그리고 한참 후, 완전히 다른 일을 생각하고 있을 때 풀려고 했던 그 문제의 해법이 생각 속에 휙 떠오른다. 해법이 생각 속에 떠올라 새벽 2:00에 단잠에서 깨어나는 것도 하나의 예다. 과학사에는 이런 방식으로 해법전략을 발견한 예들이 많이 있다. 잠복기는 여러 가지 이유로 작동할 것이다. 문제와 떨어져 있는 시간이 문제에 대하여 새로운 단서와 관점으로 우리의 정신이 접근하도록 허용하는 것이다. 혹은 잠복기가 단순히 피로를 경감하거나, 문제를 더 생산적으로 재구성할 수 있도록 처음 문제를 보았던 방식에 대한 초기 집착을 깨뜨리는 데 도움을 줄 수 있다. 그러나 기본적으로, 잠복기는 경쟁우위와 정답을 구하는 속도가 중요하다는 생각이 없어야 한다.

요컨대, 어떻게 문제공간을 표현하고 문제해결전략을 습득하는가 하는 데에는 쉬운 답이 없다, 전략을 습득하는 가장 빠르고 효과적인 방법은 모방과 직접 지도를 받는 것이다. 하지만, 이렇게 전략을 습득하는 것은 종종 범위와 응용에 한계가 있다. 스스로 전략을 발견하는 것이 습득하는데 더 선호하는 방법이고, 전략의 역학관계에 대해 더 잘 이해하고 응용범위를 확장하도록 보장한다. 그러나 발견에 의해 전략을 습득하는 것은 시간이 소모될 수 있고, 전략이 발견된다는 보장이 없으며, 안내가 필요할 수도 있다.

결론

이 장에서는 전략 자체를 주제로 그 다양성을 통하여 문제해결에 접근하려고 했으며, 특정한 타입의 문제에 초점을 두지 않았다. 여러분이 자신의 문제해결 전략에 대하여 더 큰 통찰을 획득하고 앞으로 새로운 접근을 시도할 생각을 갖게 되기를 바란다. 문제해결은 문제의 내용이나 영역에 상관없이, 비록 수학문제, 문장제 문제, 실생활문제라 해도, 찾기에 지나지 않는다. 유감스럽게도 문제에 직면하면 해법을 찾는 대신, 정답이 돌연히 눈앞에 나타나기를 바란다. 해법을 구하는 데는, 문제의 초기상태와 목표 사이의 거리를 비교하는 문제공간을 통한 찾기가 필요하다. 폴리아는 《어떻게 문제를 풀 것인가》에서 문제해결에 대한 일반적인 지침으로 다음을 제시했다. 문제를 이해하고, 해결계획을 세워, 그 계획을 실행하고, 얻은 결과를 점검하라. 허술한 문제해결자라면 아마 첫째 단계를 생략하고 곧바로 문제에 대한 해를 찾을 것이다. 허술한 문제해결자는 시행착오법을 이용하여 머리에 떠오른 해법을 실행해 본다. 좀더 우수한 해결자나 전문가는 더 많은 시간을 들여서 문제의 초기상태와 목표상태를 비교하면서 문제공간을 완전히 이해하려고 한다.

문제해결전략은 문제공간을 가로지르는 길이다. 모든 문제에 효율적인 한 가지 전략이나 일습의 전략이란 없다. 알고리즘이나 발견법은 우리가 이용하기 좋아하는 두 가지 전략이다. 문제공간을 표현하고 이해한 결과가 이용할 전략이다. 그렇지만 자주 사용되고 철저히

교육시키는 전략이 있다. 수단목표 발견법이 아마 가장 일반적으로 활용하는 전략일 것이다. 이 전략의 핵심에는 하위목표 또는 서브루틴을 설정하는 행동이 있다. 문제전략을 획득하는 쉬운 길은 없다. 모방, 교습, 발견은 모두 효율적이지만, 각각 한계가 있다. 하지만, 문제해결전략을 획득하는 데 모두가 동의하는 한 가지 중요한 요소가 있다. 다양한 문제에 대한 경험이 필수라는 것이다. 좋은 문제해결자가 되기 위해서는 할 수 있는 한 여러 종류의 문제를 많이 풀어보아야 한다. 그러한 경험은 서로 다른 문제에 대하여 많은 정보의 베이스를 수집할 수 있게 하고 문제들을 가로지르는 패턴을 이해하는 데 도움이 된다. 그러나 물론, 문제해결상황에 대한 개방성은 문제해결에 대한 동기적 그리고 감정적 장애를 극복하느냐 여하에 달려 있다.

CHAPTER 03

The Psychology of Problem Solving

판단, 추론, 그리고 결정

사고활동은 여러 가지 형태를 갖는다. 처음에 사람들은 흔히 자신의 경험을 근거로 판단을 끌어낸다. 사람의 인성에 관한 판단, 저녁식사를 어디서 할까, 또는 다가올 휴가에 날씨는 어떨까? 이러한 판단을 믿을 수 있을까? 지나간 경험에서 얼마나 정확하게 또는 얼마나 잘 배웠을까? 그리고 일단 판단을 하면, 또 다른 조치를 취하고 새로운 신념의 영향을 받아 사고한다. 우리는 경험으로부터 얻은 정보를 어떻게 넘어설 수 있을까? 과거 경험에 의한 신념을 근거로 날마다 수없이 많은 결정을 한다. 수프나 샐러드를 택하는 것처럼 사소한 것이 많은가? 어떤 것은 어느 학교를 갈 것인지, 결혼을 할 것인지 등 인생을 바꿀 만큼 중요하다. 이 장에서는 판단하기, 신념으로부터 추론하기, 그리고 결정하기에 대한 심리적 측면에 대하여 생각해 볼 것이다.

휴리스틱

휴리스틱(발견법)을 제 2장에서 처음 학습했는데, 이 개념은 다시 논의할 가치가 있다. 경험은 위대한 교사이다. 의사가 수년간의 경험을 근거로 하는 판단이나, 자동차 기술자가 작업했던 많은 차량을 근거로 하는 조언을 우리는 많이 신뢰한다. 그러나 경험으로부터 배우는 것은 분명히 한계가 있다. 때로는 과거경험에서 얻은 정보가 불완전하거나 모호하기도 하다. 또 경험에 대한 우리의 기억이 선택적이거나 왜곡되기도 한다. 이들이 판단을 내리는 능력과, 보고, 듣고, 읽은 것에 대하여 결론을 도출하는데 어떤 영향을 줄까?

예를 들어, 학교에서 생물학과정이 얼마나 어려운가를 결정하려고 한다고 하자. 틀림없이, "내 친구들은 이 과정을 얼마나 잘 했을까? 성적을 잘 받은 친구는 몇이나 되고 잘못 받은 친구는 몇이나 될까?" 라고 스스로 질문할 것이다. 여기서, 빈도를 생각하는데, **빈도추정**(frequency estimation)은 판단을 내리는데 중요하다. 그러나 친구 성적에 대한 기록을 갖고 있지 않을 경우가 많고, 갖고 있다 해도 과정을 이수한 몇 사람의 것만 기억할 것이다. 그래서 대부분 원하는 정보 대신 쉽게 구할 수 있는 정보를 활용하는, **속성대체전략**(attribute substitution strategy)에 의지하는 것이다. 이 경우, 빠르게 기억을 스캔하여 관련된 경우를 찾는다. 좋은 성적을 받은 두 세 친구를 생각해내면 빈번한 일이라고 생각하고 이 과정이 어렵지 않다는 결론을 내린다. 이 과정에서 성적이 좋은 사람을 좀처럼 생각해내지 못하거나, 성적이 나쁜 사람만 떠오른다면, 반대의 결론을 내린다. 이 전략은, 판단의 근거를 **이용가능성**(availability)에, 즉 얼마나 쉽고 빠르게 관련 사례를 제시하는가에 두는 것이다. 트레버스키(Treversky)와 카네만(Kahneman)은 이것을 **가용성 추단법**(availability heuristic)이라고 부른다[1]. 앞에서 말한 바와 같이, 발견법은 보통 올바른 판단을 이끄는 효과적인 전략이다. 가용성 추단법으로 활용할 수 있는 속성에 쉽게 접근할 수 있고, 기대하는 속성은 목표와 상호관련 되어 있어서 표적을 대신할 수 있다. 빈도가 높은 사건과 대상은 사실상 기억 속에서 쉽게 사용할 수 있으므로 일반적으로 가용성을 빈도에 대한 지수로 신뢰할 수 있다. 그럼에도 불구하고, 이 발견법 전략은 오류를 유발할 수 있다. 심리학 문헌에서 예를 들어 보자. "사전에 'R'로 시작하는 단어(rose, rock, rabbit 같은)가 더 많을까, 아니면 세 번째 철자에 'R'이 있는 단어(tarp, bare, throw 같은)가 더 많을까?" 자신에게 물어 보라. 대부분 사람들은 'R'로 시작하는 단어가 더 많다고 답하는데, 사실은 이와 반대다. 많은 사람들이 이렇게 틀리는 이유는 무엇일가? 가용성에 답이 있다. 기억 속에서 R로 시작하는 단어를 찾으면, 많은 단어가 떠오르지만, 셋째 철자가 R인 단어는 그렇지 않다. R로 시작하는 단어를 더 선호하게 되는 차이가 나타나는 것은, 거칠게 말하면 기억이 첫 발음이 같은 단어를 한 집단으로 생각하여 사전처럼 조직되기 때문이다. 그 결과, 단어의 첫 음으로 기억을 검색하는 것이 용이하고 셋째 철자가 R인 단어를 찾는 것은 훨씬 더 어렵다. 그래서 기억의 조직이 가용성에 편향을 일으키고, 이 편향이 빈도 판단에 오류를 이끌 수 있다.

이 실험이 그 자체로 그렇게 흥미롭지는 않지만, 판단할 때 흔히 저지르는 잘못을 보여준다. 사람들은 자주 드문 사건을 과대평가한다. 이것은 당첨될 확률을 과대평가해서 복권을 사도록 하는데도 작용한다. 의사들이 종종 희귀질환을 과대평가한 결과 달리 더 적절하게 진단

---

[1] Treversky,A. & Kahneman,D. (1973). Availability: A heuristic for judging frequency and probability, *Cognitive Psychology*, 5, 207-232.

해야 할 검사에 실패한다. 왜 이런 일이 일어날까? 익숙한 사건에 대해서는 생각할 이유가 거의 없지만("아, 하늘에 떠있는 저 비행기를 보라."), 드문, 특히 드물고 감정적인 사건("오, 하느님 맙소사! 저 비행기가 추락하네!")은 더 주목하게 된다. 그 결과 드문 사건은 기억 속에 더 잘 기록되고 결과적으로 이런 사건을 이용하기가 더 쉽게 되는 것이다. 그래서 이러한 독특한 사건의 빈도를 과대평가하고, 따라서 비슷한 사건이 미래에 일어날 가능성을 과대평가한다.

가용성 추단법의 이용가치를 증명하는 좋은 연구가 있다. 그 연구에서 참가자들에게 적극적으로 행동했던 생활에서의 에피소드를 생각해보라고 요청했다[2]. 참가자의 절반에게는 그런 에피소드를 여섯 개 회상해 보라고 했고, 나머지 절반에게는 12개를 회상해 보라고 했다. 그리고 모든 참가자에게 일반적인 질문과 함께 전반적으로 그들이 얼마나 적극적이었다고 평가하는지를 물었다. 참가자는 가용성 추단법을 사용하여 여섯 개의 에피소드를 힘들이지 않고 생각해낸 반면, 이와 대조적으로 에피소드 12개를 요청받은 참가자들은 긴 목록을 만드느라 어려움을 겪었다. 가용성 추단법의 기능과 일치하여, 더 적은 에피소드를 쉽게 기억한 참가자는 자신이 훨씬 적극적이었다고 판단했다. 아이러니하게도 어렵게 더 많은 에피소드를 기억해낸 참가자는 실제로 자신을 덜 적극적이었다고 보고했다. 이들은 적극성에 대한 증거를 더 가지고 있지만, 증거의 양이 문제가 아니었다.

---

[2] Schwarz,N., Bless,H., Strack,F., Klump,G., Ritternauer-Schatka,H. & Simon,A. (1991). Ease of retrieval as information: Another look at the availability heuristic, *Journal of Personality & Social Psycholoty*, 61,159-202.

대신, 중요한 것은 에피소드를 떠올리는 용이함이었다. 12개의 에피소드를 요구받은 참가자들은 어려운 일, 즉 많은 사례를 기억해내야 했기 때문에, 과제가 힘들었다. 그러나 참가자들은 이것을 깨닫지 못한 것 같았다. 그들은 사례들을 생각해내기가 어려웠다는 사실에 대해서만 반응하고, 가용성 추단법을 사용하여, 그들이 과거에 적극적이었던 적이 상대적으로 빈번하지 않다고 결론을 내렸다.

마지막 사례로, 모두가 생명을 구하는 목적인 연구프로젝트에 예산을 얼마나 책정해야 하는지에 대해서 투표해 달라는 요청을 받았다고 하자. 분명히, 우리는 더 빈번한 죽음의 원인을 다루는 프로젝트를 택해야 한다. 이런 논리라면, 위암이나 교통사고로 인한 사망을 방지하는데 더 많은 예산을 사용해야 할까? 살인이나 당뇨병 예방에 더 많은 예산을 사용해야 할까? 많은 사람들이 교통사고와 살인이 더 빈번하므로 더 많은 예산을 승인하지만, 사실은 그 반대다. 위암과 당뇨로 인한 사망이 훨씬 더 빈번하다. 여기서 미디어의 효과를 알아볼 수 있다, 위암과 당뇨로 인한 사망이 훨씬 많지만, 그것들은 보도가 되지 않는다. 반면 교통사고로 인한 사망이나 살인은 실제로 덜 빈번하지만, 미디어에 쉽게 보도되고, 그래서 쉽게 떠올라 판단에 영향을 주기 때문에 더 빈번하게 발생하는 것처럼 보인다.

알 수 있는 바와 같이, 가용성 추단법은 유익하지만, 때로는 우리 뇌를 속여서 잘못된 정보를 신뢰하게 할 수 있다. 그래서 어떻게 하면 가용성 추단법을 최선의 방법으로 사용하고 있다고, 특히 문제해결을 할 때, 확신할 수 있을까? 불행하게도, 노출된 증거나 단순한 정보를 근거로 형성된 믿음이 어느 때인지 구분하기 어려울 때가 있다. 그러나 실질적인 의심을 남긴 채 관심 주제에 대한 정보를 간직하고 시작하는 것은 좋다. 제5장에서, 성급한 판단과 편협한 판단을 하지 않도록 하는 전략을 논의할 것이다. 다른 모든 것이 실패할 때, 사례의 실제 빈도에 대한 결정을 구전에 의존하는 대신 스스로 연구해야 한다. 매체는 (소셜미디어를 포함하여) 일상적이지 않은 사건에 더 초점을 두는 경향이 있다는 것을 스스로 상기해야 한다. 그렇지만, 드문 사건을 많이 보게 되면 우리는 그것이 실제보다 훨씬 더 일상적이라고 믿는다.

어떻게 판단을 내리는가를 이해하는 또 다른 방법은 **대표성 휴리스틱**(representative heuristic)을 이용하는 것이다[3]. 직장을 구한다고 하자. 지원자는 고용주가 자신의 과거 경험과 자질을 충분히 고려해 주기를 바랄 것이다. 그렇지만, 고용주는 다른 타입으로 속성을 대체하는 좀 더 효율적인 전략을 신뢰할 수도 있다. 고용주는 이력서를 힐끗 보고, 대신, 지원자가 전에 고용했던 일 잘했던 사람과 얼마나 비슷한지 자문해 본다. 지원자가 고용주가 만족했던 다른 지원자와 용모와 매너가 똑 같은가? 그런 지원자는 채용될 가능성이 있다. 이 경우, 고용주는 유사성을 근거로 확률적 판단을 내린 것이다. 이용가능성 휴리스틱과 똑같이 이 전략은 효율적이고 정확한 결론을 이끌 수 있다. 그러나 이용가능성 휴리스틱과 똑같이 이 전략이 잘못된 방향으로 이끌 수도 있다. 대표성 휴리스틱은 한 카테고리의 구성원은 모두 거의 완전히 같아 보이고 똑 같다는 가정에 근거한다. 새는 모두 날개와

---

[3] Tversky,A. & Kahaneman,D. (1974). Judgment under uncertainty: Heuristics and biases , Science, 185, 1124–1131.

깃털이 있고 날수 있으며, 모든 사무실에는 책상과 의자, 그리고 컴퓨터가 있다. 그 결과 누가 무엇이 어떤 카테고리에 속하는가의 판단에 유사성을 이용한다. “같아 보이면 같은 것이다.” 이런 타입의 추론이 가끔 정확한 판단을 이끌기도 하지만, 항상 옳지는 않으며 오류를 이끌 수 있다.

예를 들어, **도박사의 오류**(gambler's fallacy)를 생각해보자. 동전을 여섯 번 던져 여섯 번 모두 앞면이 나오면, 한 번 더 던지면 뒷면이 나온다고 대부분 생각하기 쉽다. 왜냐하면 “그래야 하니까,” 그렇지 않으면 동전이 조작된 것이라고 말한다. 물론, 이것은 틀리다. 동전은 기억이 없고, 마지막으로 뒷면이 나온 지 얼마나 오래 되었는지 알 방법도 없다. 그래서 누가 언제 던지든 뒷면이 나올 가능성은 전에 던졌을 때 일어난 일과 무관하다. 앞에 던진 것이 뒤에 던진 것에 영향을 줄 방법도 없다. 일곱 번 던질 때의 확률은 처음 던질 때와 똑 같이 0.50이다. 왜 이런 판단이 흔히 일어날까? 공정하게 동전을 던지면 앞면과 뒷면이 나올 확률은 각각 50–50이라는 것을 모두가 알고 있기 때문에, 한 번 던지는 것에 대해 참인 것은 연속으로 던지는 것에 대해서도 참이라고 생각하게 된다. 동전을 한 번 던지는 것이 동전을 연속으로 던지는 것을 대표한다고 잘못 생각하는 것이다. 이것은 옳지 않다. 연속으로 여러 번 던졌을 때 어떤 때는 앞면이 75% 나오고, 어떤 때는 5%만 앞면이 나올 때도 있다. 동전 던지기를 여러 번 매우 많이 할 때만 확률이 50–50에 점점 가까워질 뿐이다.

대표성 휴리스틱은 “주장하는 사람”을 만났을 때도 작용한다. 예를 들어, 여러 소비자 잡지에서 큰 호평을 받고 있는 특정 회사의 차를 구입할 계획이 있다고 하자. 계획을 친구에게 말하자, 친구가 놀라며 "미쳤니? 아는 사람이 그 회사 차를 샀는데, 산지 한 달 만에 트랜스미션이 나갔대. 그리고 발전기가 나가고, 브레이크가 나갔대. 그 회사 차 산다면 실수하는 거야." 이 예에서, 친구는 나를 설득하기 위해 "주장하는 사람"을 제시한다. 소비자 잡지는 평가를 내기 위해 많은 차를 검사하는 반면, 친구는 짐작컨대 그가 알고 있는 사례 하나, 그 회사 차를 "산 사람"을 믿고, 이런 유형의 차를 사지 말라고 설득하는 것이다. 친구는 이 하나의 예가 전체카테고리 또는 자동차제품을 대표한다고 믿는 것이 확실하다. 이 주장하는 "사람"은 꽤 흔하고 매우 설득력 있다. 사람들은 종종 큰 표집을 자료로 얻은 연구결과보다 대표적인 한 사례가 더 설득력 있다고 판단한다.

대표성 휴리스틱이 반드시 피해야할 일처럼 들려도, 실제로는 목적에 적응한다. 가용성 휴리스틱과 유사하게 때때로 의사결정에 도움을 준다(이유에 대한 본능적인 반응). 그렇지만, 의사결정을 할 때는 개인적 판단을 피하고 혼자서 연구하는 것이 중요하다(제6장을 보라). 단순히 뇌가 우리를 속일 수 있다는 것을 아는 것으로도 짐작이나 추정대신 증거에 근거한 더 많은 정보로 결정을 내리는데 도움을 줄 수 있다.

공변

우리가 판단을 내릴 때 흔히 휴리스틱이나 정신적 지름길을 사용하는 것은 놀라운 일이 아니다. 그렇지만, 매우 중요한 판단을 내릴 때 이런 지름길을 사용하려면 불안하다. 기후변화에 관한 논의에서 대표성 휴리스틱이 종종 나타난다. 예를 들어, 어떤 사람이 특정 계절의 날씨를 이용해 최근 세대의 기후변화를 부정하는 것이다. 또한 백신과 자폐증 사이의 연계를 개별적인 사례를 이용해 지지하는 것이다. 기본적으로 휴리스틱에는 **공변**(covariation)에 관한 생각이 들어있다. 공변은 두 가지 사건이나 속성이 동일한 장소와 시간에 일어날 경향이 있을 때 간단히 정의할 수 있다. Y가 있을 때는 언제나 X가 있을 경향이 있고, 그리고 X가 없으면 Y도 보통 없을 때, X와 Y는 공변이라고 한다. 예를 들어, 운동과 스태미나는 공변이다. 앞의 것을 하는 사람이 뒤를 갖게 될 경향이 있다. CD를 많이 가지고 있는 것과 연주회에 가는 것이 공변이다. 흔히 공변에 관한 판단은 원인과 결과를 이해하려는 시도다. 그리고 모든 인과관계에는 공변관계가 있는 것이 사실이다. 그러나 신중해야 한다. 모든 공변관계가 인과관계인 것은 아니다. 공변에는 강한 것과 약한 것이 있다. 운동과 스태미나 사이의 공변은 강하다. CD를 가지고 있는 것과 연주회에 가는 것 사이의 공변은 그보다 약하다. 꽤 많은 사람이 CD를 많이 가지고 있어도 연주회는 안 간다. 또한 속성과 사건이 함께 있는 곳에서 많은 정적 공변을 찾기는 상대적으로 쉬운 반면, 부적 공변을 확인하기는 그렇게 쉽지 않다. 운동과 스태미나는 정적으로 공변하고, 둘 다 동시에 존재하지만, 운동과 체지방은 부적으로 공변해서, 많은 운동량이 낮은 양의 체지방과 관계있다.

그래서 원인과 결과를 판단하는데 공변에 대한 사고를 흔히 활용한다. 인과관계에 공변이 필요한 것이 사실이지만, 원인과 결과를 세우기에 충분하지는 않다. 공변인 사례로부터 인과관계에 대한 결론을 끌어낼 때 조심해야 한다. 교육이 고임금으로 연결되는가? 아침을 잘 먹으면 하루 종일 컨디션이 좋은가? 관절이 아프면 날씨가 궂을까? 공변은 강할 수도 있고 약할 수도 있다. 또 정적일 수도 있고 부적일 수도 있다. 또한 공변은 모든 인과관계에 있지만, 모든 공변이 야기하는 것은 아니다. **착각한 공변**(illusory covariations)의 예도 많이 있다. 인과관계가 없는 두 사건이나 속성이 동시에 일어나 인과관계가 없으면서도 인과관계를 암시하는 것이다[4].

공변에서 나오는 인과관계의 착각은 입증하기 쉽다. 많은 사람이 글씨와 성격 사이에 관계가 있다고 믿지만, 그런 관계를 기록한 연구는 없다. 마찬가지로 많은 사람이 관절염 통증을 잘 살피면 일기예보를 할 수 있다고 믿는데, 근거 없는 것으로 판명되었다. 이러한 착각은 단순히 틀리거나 어리석은 생각만은 아니다. 그런 생각을 가진 사람은 그 신념을 뒷받침하는 공변을 경험했다고 믿는다. 무엇이 공변의 착각을 일으킬까?

그런 신념에 대한 증거로서 과거경험을 고려하는 방식이나 과정을 근거로 설명할 수 있다. 대부분의 경우 증거의 일부(부분집합)만을 고려한다. 그래서 이 (증거의) 부분집합이 경험에 대한 판단을 편향시키는 것이다. 이 편향은 기본적으로 합리적인 반면, 실수를 초래한다. 구체적으로 말하면, 공변을 판단할 때 **확증편향**(confirmative bias), 즉 신념에 반하거나 거슬리는 증거보다 신념을 확실하게 하는 증거에 더 반응하는 경향으로 증거선택이 이루어진다. 이 인지적 편향은 여러

---

[4] Nisbitt, R. & Ross, L. (1980). *Human Inference: The Strategies and Shortcomings of Social Judgment*. Englewood Cliffs, NJ: Prentice–Hall.

가지 형태로 나타난다. 첫째, 신념이나 판단을 평가할 때, 신념을 부정하는 증거보다 신념을 확인해주는 증거에 더 주목한다. 부정하는 증거보다 확인해주는 증거를 더 잘 기억한다. 확인해주는 증거를 보면, 액면 그대로 받아들이고, 부정적인 증거는 재해석하거나 곡해한다. 부정적인 증거가 나오면, 그것을 활용하여 신념을 조절하는데 실패한다. 그리고 마지막으로, 첫인상은 물론 신념을 설명할 대안적 가설을 고려하는데 실패한다.

참여자에게 "2, 4, 6" 같은 일련의 숫자를 제시해 보면 확증편향의 전형적인 사례를 실증할 수 있다[5]. 참여자에게 제시한 일련의 숫자에 특정한 규칙이 있다고 말하고 그 규칙이 무엇인지 알아보라고 한다. 참여자는 자신이 발견한 것을 점검하기 위해 자신의 숫자열("8, 10, 12")을 제안하고 검사자는 그에 대해 적절히 응답("그래요 규칙에 맞아요,"라거나 "아뇨, 규칙에 맞지 않아요") 한다. 그래서 참여자가 일단 규칙이 확실하다고 느끼면, 알아낸 것을 공표한다. 규칙은 사실 매우 간단하다. 세 수가 증가하는 순서로 있다. 그러므로 "1, 2, 3"도 맞고, 31, 32, 33 도 맞다. "6, 4, 2"는 틀리고, "10, 10, 10"도 틀리다. 이렇게 규칙이 간단함에도 불구하고 참여자들은 규칙을 발견하기가 어려워 과제를 끝내는데 시간이 꽤 걸렸다. 이것은 규칙에 대한 자신들의 제안을 평가하기 위해 그들이 요구하는 정보의 타입 때문이었다. 압도적으로, 자신들이 제안한 규칙을 확정하려고 했고, 부정하기 위한 요구는 상대적으로 드물었다. 그리고 부정할 정보를 찾았던 소수의 사람들이

---

[5] Wason, P. (1968). Reasoning about a rule. *Quarterly Journal of Experimental Psychology*, 20, 271–281.

규칙을 찾아내는데 더 성공적이었다는 사실을 주목해야 한다. 이 연구에서 확증편향이 매우 많이 존재했고, 수행을 방해한 것 같았다.

우리는 부정하는 증거를 만나거나 찾아내게 되면 그것을 재해석해서 신념을 바꾸지 않거나 조정한다. 프로축구에 돈을 거는 도박사들에게 팀을 택하는 전략과 승패에 관한 기록에 대하여 질문한다. 그들은 모두 승자를 뽑는 "좋은" 전략을 가지고 있으며, 그 전략에 대한 믿음은 연달아 잃고 난후에도 줄어들지 않는다. 왜 그럴까? 도박사들은 잃은 것을 "잃은 것"이라고 기억하지 않았다. 대신, 그것을 요행이나 특이한 사건이라고 기억했다. "나는 옳았다. 러닝백이 말도 안 되는 부상만 입지 않았으면 내가 택한 팀이 이겼을 것을." "킥오프 다음에 잡은 볼이 바보같이 튄 것만 빼면, 그 팀을 택한 것은 정확했다." 이긴 베팅은 "이긴 것"으로 기억되지만, 잃은 것은 "거의 이긴 것"으로 기억한다. 이 도박사들은 반대되는 증거에도 불구하고 자신의 신념을 유지한다. 이런 경향을 **신념보존편향**(belief perseverance)이라고 한다.

아래 표를 보자. 한 연구 결과를 요약한 자료다. 칸에 있는 숫자는 환자수를 나타낸다. 구체적으로, 환자 200명을 치료해서 호전을 보였는데, 75명은 치료해도 호전되지 않았다. 50명이 치료를 받지 않고 호전되었고, 15명이 치료 받지 않고 호전되지도 않았다.

	호전	호전되지 않음
치료함	200	75
치료 안함	50	15

치료의 효율을 물었을 때, 이 연구에서 대다수의 사람들은 치료가 효과적이라고 생각했고, 얼마간의 사람들이 상당히 효과가 있다고 생각했다. 사실상, 이 표 자료로 보면 치료가 완전히 효과가 없다. 이유를 이해하려면, 대조군(치료를 받지 않은 집단)에 대한 결과를 보면 된다. 치료를 받지 않았을 때 환자 65명중 50명이, 또는 76.9%가 호전된 것을 알 수 있는데, 그에 반해서 치료를 받았을 때, 환자 275명중 200명이, 또는 72.6%가 호전되었다. 그러므로 호전된 퍼센티지는 실제로 치료받지 않은 집단이 더 높다. 왜 이렇게 쉽게 오류를 범할까? 우리는 표를 보면서 치료받지 않은 대조군을 무시하는데, 이 집단은 부정하는 증거를 보인다. 대신 치료받고/호전된 칸에 있는 큰 숫자에 집중하는데, 이것이 우리 대부분을 실제로 그렇지 않은 경우조차 치료가 효과적인 것처럼 확신하도록 유혹한다.

추론

확증편향은 기본적으로 비논리적이다. 도박사는, "나의 도박전략이 좋다면, 다음 베팅에서 내가 이길 것이다. 베팅했는데 졌다. 그러므로 내 전략은 나쁘다"라고 생각해야 할 것이다. 그러나 도박사의 오류에 빠진 도박사는, "나의 도박전략이 좋다면, 다음 베팅에서 내가 이길 것이다. 베팅했는데 졌다. 그래도 내 전략이 좋다."라고 생각한다. 역사적으로 인간은 논리적으로 추론하는 "이성적 동물"이라고 내세워왔다. 그러나 심리학자들은 오래 전부터 인간이 오류에 시달려왔다는 것을 알고 있다. 우리가 단순한 논리문제(삼단논법 추리 문제)를 어떻게 푸는지를 조사한 정기연구도 오류율이 70%–90%에 이른다고 보고 한다. 논리적 추론에서 겪는 어려움의 많은 부분이 신념과 문제표현에 사용한 언어와 관계가 있다. 우선적인 신념이 분명하지 않고 추상적인 언어가 추론할 때 논쟁의 논리형식을 왜곡한다. 다음은 우리가 저지르는 전형적인 실수들이다.

결과를 단언함 (역)

(1) A가 참이면, B가 참이다.	(1) 내가 쥐고 있는 것이 개구리라면, 그건 녹색이다.
(2) B가 참이다.	(2) 쥐고 있는 것이 녹색이다.
(3) 그러므로, A는 참이다.	(3) 그러므로, 그건 개구리다.

결과를 부인함(이)

(1) A가 참이면, B가 참이다.	(1) 내가 쥐고 있는 것이 개구리라면, 그건 녹색이다.
(2) A가 참이 아니다.	(2) 내 손에 있는 것이 개구리가 아니다.
(3) 그러므로, B가 아니다.	(3) 그러므로, 녹색이 아니다.

우리는 종종 이런 논리적 주장이 옳다고 판단하지만, 그렇지 않다. 좌변에 있는 예제는 추상적 형태로 꽤 어렵다. 우변에 있는 것은 같은 논리적 주장의 구체적 예인데, 논리적으로 어떻게 올바르지 않는지 알기가 조금 더 쉽다. 결과를 단언함에는: 내가 개구리를 쥐고 있다면, 그건 녹색이다; 내가 쥐고 있는 것이 녹색이다. 그러므로 그것은 개구리다, 는 되지 않는다. 그것은 풋고추일 수 있다. 마찬가지로,

결과를 부인함에는: 내가 쥐고 있는 것이 개구리면, 그건 녹색이다; 쥐고 있는 것이 개구리가 아니다; 그러므로, 쥐고 있는 것이 녹색이 아니다, 는 논리적이 아니다. 그건 풋고추나 상추꼭지일 수 있다. 두 경우 모두 결론이 앞 두 명제로부터 논리적으로 나오지 않는다.

많은 연구가 **조건문**(conditional statement)에 대한 추론능력을 조사했다. "x이면 y이다"라는 형식에서는 처음 명제가 그 아래 둘째 명제가 참임을 보장하는 조건을 제공한다[6]. 이 형식의 추론은 과학적 관찰과 결론을 끌어내는 근거가 된다. 여기서도, 일반적인 오류율은 80% 또는 90% 정도로 높다. 그리고 **신념편향**(belief bias)의 역할도 있다. 사람들은 그들이 어쩌다 참이라고 믿게 되면, 진술된 전제로부터 그 결론이 나오지 않을 때조차 그 판단을 지지한다. 역으로, 그들이 어쩌다 거짓이라고 믿게 되면, 결론이 전제에 의해 논리적으로 나올 수밖에 없다 해도 거부한다. 조건추론은 때때로 직접적으로 사람들에게 명제를 평가하게 하여 연구하지만, 지금은 대부분 유명한 **웨이슨 선택과제**(Wason selection task)를 사용하는데 이런 유형의 추론에서 발생하는 문제의 원인을 잘 보여주기 때문이다. 이 과제에서는 한 면에 숫자가 있고 다른 면에 글자가 적힌 카드 네 장을 보여준다. 과제는 다음 규칙을 평가하는 것이다: "카드가 한 면에 모음이 적혀 있으면, 그 이면의 숫자는 짝수이다." 이 규칙을 검사하려면 어느 카드를 뒤집어야 할까?

---

[6] Wason, P. & Johnson-Laird, P. (1972). *Psychology of Reasoning: Structure and Content.* Cambridge, MA: Harvard University Press.

A	6	J	7

원래 연구에서는, 참가자의 33%가 A-카드를 뒤집어 짝수인지 확인하였다. 다른 46%가 A-카드와 6-카드를 모두 뒤집었다. A-카드와 7-카드를 뒤집어 올바른 선택을 한 참가자는 4%에 불과했다. A-카드는 뒤집어야 한다: 이면에 짝수가 있으면 규칙을 확인하게 되고, 홀수가 있으면 규칙을 부정하는 것이다. 규칙이 자음에 대하여 말하는 것이 없으므로, J-카드 이면에 적힌 것은 문제되지 않는다. 6-카드에 대하여 규칙이 말하는 것이 없다. 이면에 모음이나 자음이 나올 수 있다. 마지막으로, 7-카드는 뒤집어보아야 한다. 만약 모음이 나오면 규칙을 부정하는 것이고, 자음이 나오면 규칙이 확인된다.

대부분 올바르게 A-카드를 뒤집어서 규칙을 확인했다. 그러나 많은 사람들이 6-카드도 뒤집어서 결과를 확인하려고 한다. 규칙은 짝수의 이면에 무엇이 적혀야 할 것인지에 대하여는 말이 없다. 그리고 단지 몇 명만(4%) 7-카드를 뒤집어서 규칙에 저항하거나 부정하려고 했다. 모음이 나오면 규칙이 부정되는 것이고, 자음이 나오면 규칙은 유효한 것이다. 여기서 알 수 있는 것은 확인해 주는 정보를 찾으려는 것이 우리의 경향이며 저항하거나 부정하는 것이 어렵다는 것이다.

이 선택과제문제의 흥미로운 변형에서 조건추론과 관련해서 우리가 갖는 어려움은 추상적인 것을 다루어야 하는 것이다[7]. 참가자들에게 카드 네 장을 보여주고, 다음 규칙을 검사하라고 한다: "맥주를 마신다면, 그 사람은 21세 이상이다."

맥주를 마신다	22살이다	콜라를 마신다	16살이다

표준 문제인 [A 6 J 7]형에 나왔던 빈약한 수행성적과는 대조적으로 이 변형문제의 성적은 훨씬 좋았다. 모두 73%가 올바르게 "맥주를 마신다"카드를 뒤집어서, 규칙을 확인하고, "16살이다"카드도 뒤집어서 규칙에 도전하였다. "콜라를 마신다"카드는, 누구나 콜라를 마시기 때문에 택하지 않았다. 그리고 "22살이다"카드도 택하지 않았는데, 콜라도 마실 수 있고 맥주도 마실 수 있기 때문이었다. 그러므로 어떻게 생각하느냐 하는 것은 무엇에 대하여 생각하느냐에 따라 결정되는 것이다. 일반적인 과제와 이 변형된 과제는 같은 논리적 구조이지만, 매우 다른 결과가 나왔다. "마신다"라고 쓴 것이 논리적 구조를 이해하는데 크게 작용한 것이다.

확증편향은 일상생활에서도 문제를 일으킨다. 예를 들어, 다른 사람에 대하여 부정확한 추정을 하고 결과적으로 그러한 추정을 기대하는 것이다. 많은 사람들이, "저 사람은 나를 좋아하지 않아!"라고 생각했다면 그 다음에는 그 생각을 지지하는 정보만 본다. 그런 일이 일어

---

[7] Griggs, R. & Cox, J. R. (1982). The elusive thematic materials effect in Wason's selection task, *British Journal of Psychology*, 73, 407–420.

나면 그건 불편할 수도 있다. 그러나 많은 생명이 다른 사람의 처분에 맡겨지는 과학연구나 사법제도 분야에서는 심각한 문제가 될 수 있다. 대부분의 논문이 "통계적으로 유의한" 결과라고 하면서 출판되는 과학공동체 안에서 문제가 있다. 하지만 "대수롭지 않은" 결과를 낸 출판되지 않은 논문들이 흔히 무시되는 반대되는 증거를 보여주기 때문에, 결과가 별로 없는 연구를 선택적으로 무시하는 동안에 많은 연구가 특정한 약이나 치료법의 효과를 "증명했다"고 믿는다. 게다가, 수사관이나 검사는 범죄자의 혐의에 집중하다가 또 다른 용의자를 지목하거나 현 용의자를 부인하는 증거를 놓칠 수 있다. 이것이 어떤 문제를 일으킬지 짐작할 수 있을 것이다. 어떻게 하면 이것을 바로 잡을 수 있을까?

앞에서 여러 번 언급했듯이 정보가 주어질 때 의심을 놓지 않고 모순되는 정보의 중요성을 잊지 않는 것이 중요하다. 한 조각의 모순되는 정보가 한 이론이 틀렸음을 증명하는 반면, 확신을 주는 많은 정보가 증거가 되면서도 결코 아무것도 참되게 증명하지 못한다. 이것을 보여주는 간단한 예를 보자. 다음과 같은 명제를 검사하라는 과제를 받았다 하자. "세상의 모든 바위는 회색이다." 그리고 이를 지지하는 10,000개의 바위를 증거로 구했다고 하자. 그렇지만, 여러 빛깔의 바위가 있다는 것은 모두 알고 있고, 이 명제를 반박하는 데는 다른 빛깔의 바위 하나만 있으면 된다.

의사결정

우리의 인생은 크고 작은 선택으로 가득 차 있다. 다음 학기에 어떤 과목을 수강할 것인가, 선거에서 어떤 후보를 지지할 것인가, 혹은 결혼해야 할까. 많은 이러한 상황에서 충분히 관찰하거나 가능한 결과를 평가하는 실험을 풍족하게 할 수는 없다. 제한된 정보로 어떤 선택이 원하는 목표에 더 가깝게 데려다 줄지 분명히 알지 못한 채 의사결정을 해야 한다. 우리는 전통적으로, 의사결정을 효용성의 측면에서 설명해 왔다[8]. **효용이론**(utility theory)에 따르면, 의사결정을 할 때, 잠재적 비용(costs, 선택으로 인해 목표로부터 멀어지는 정도)과 이익(benefits, 선택함으로써 목표로 다가가는 정도)을 근거로 평가하여 선택한다. 의사결정을 할 때, 이익에 대한 비용을 저울질하고, 비용을 최소로 하고 이익을 최대로 할 수 있는 계획을 찾는다. 선택할 수 있는 옵션이 여럿이면, 비용과 이익이 최적이 되는 방안을 택한다.

물론, 이것이 말처럼 쉬운 것은 아니다. 예를 들면, 따뜻하게 보낼 휴가 장소로 투손[9] 또는 마이애미를 고려한다고 하자. 투손이 날씨가 더 좋지만, 비행기로 마이애미에 가는 것이 비용이 덜 든다. 비행기 요금 줄이기와 좋은 날씨 즐기기를 저울질해 보아야 한다. 이 차이를 비교하기는 어렵다. 자신의 **주관적 효용**(subjective utility)면에서 요인들을 평가해야 한다. 즉, 각 요인이 자신에게 얼마나 중요한지 자문한다. 선택하려면, 쾌적한 날씨의 효용성에서 더 드는 비행기요금의 "비효율성" 또는 비용을 빼보아야 할 것이다. 그리고 주관적 효용성을 넘어,

[8] von Neuman, & Morgenstern, O. (1947). *The Theory of Games and Economic Behavior.* Princeton, NJ: Princeton University Press.

[9] 역자 주: 미국 애리조나 주 남부에 있는 도시, 보양지.

불확실성을 감안해야 한다. 마이애미의 날씨가 대체로 괜찮은 반면, 투손의 날씨가 항상 좋은 건 아니다. 간단한 예를 생각해보자. 다음 학기에 수강할 과목을 선택한다고 하자. 한 과목이 흥미 있어 보이는데, 과제가 많다고 한다. 먼저, 많은 과제부담에 대한 비용에 반하여 흥미 있는 교과를 수강하는 주관적 효용성을 추산해 보아야 한다. 그 다음, 그 교과가 흥미로울 것과 과제가 많을 것에 대한 가능성을 추산해야 한다. 예를 들어, 교과가 흥미로울 가능성이 70%이고 과제가 많을 가능성이 90%라고 하자. 이 경우, 교과의 종합적 효용성은(0.70×교과 흥미에 따른 이익) − (0.90×많은 과제로 인한 비용)이다. 그런 다음 다른 교과에 대해서도 비슷한 계산을 해보고 종합적 효용성이 가장 큰 과목을 선택한다.

의사결정을 하는데 이와 같은 매우 합리적인 접근이 대중에게, 특히 20세기 내내 경제전문가들에게 일반적이었다. 그렇지만, 이 장에서 논의한 휴리스틱과 편향을 통해 드러난 바와 같이 매우 빈번히 우리의 선택이 합리적인 의사결정과정과는 다른 요인의 영향을 받는다는 것을 심리학자들은 목격했다. 이제 우리의 의사결정을 편향되게 하는 또 다른 면인 프레이밍(framing, 틀) 효과에 대하여 논의하자.

프레이밍

의사결정을 할 때 우리 모두는 유용성과는 아무런 관련이 없는 요인에 강력하게 영향을 받는다. 그렇게 되는 사례를 상대적으로 쉽게 찾아볼 수 있다. 아래 문제는 **프레이밍효과**(framing effect)의 개념을 세우는데 이용되는 대표적인 사례이다.

문제 1

미국이 사망자가 600명에 달할 것으로 예견되는 특이한 질병의 발생에 대비를 하고 있다고 하자. 질병을 방지할 두 가지 대안적 프로그램이 제시되었다. 결과에 대한 정확한 과학적 추산이 다음과 같다고 하자:

프로그램 A를 채택하면, 200명이 구제된다.

프로그램 B를 채택하면 600명이 구제될 확률이 1/3이고, 한 명도 구제되지 못할 확률이 2/3이다.

이 경우 참여자의 대다수(72%)가 도박대신 확실한 프로그램 A를 선택했다. 이제 문제를 아래와 같이 바꾸어 말해 보자.

문제 2

미국이 사망자가 600명에 달할 것으로 예견되는 특이한 질병의 발생에 대비를 하고 있다고 하자. 질병을 방지할 두 가지 대안적 프로그램이 제시되었다. 결과에 대한 정확한 과학적 추산이 다음과 같다고 하자:

프로그램 A를 채택하면, 400명이 사망한다.

프로그램 B를 채택하면 사망자가 없을 확률이 1/3이고, 600명이 사망할 확률이 2/3이다.

여기서는 참여자의 대다수(78%)가 확실한 것보다는 도박을 선호해서 프로그램 B를 선택했다. 물론, 두 문제는 객관적으로 동일하다. 600명중 200명이 구제되는 것은 600명중 400명이 사망하는 것과 같다. 그렇더라도, 이와 같은 문제를 표현하는 방법의 변화가 한 방향의 3 대 1 선호를 반대방향의 4 대 1 선호로 바꾼다. 두 문제 중 어느 것도 정답이 아니고 어느 쪽 결정이든 합당한 이유가 있다. 이 맥락으로 프로그램 A를 선택하는 것과 저 맥락으로 프로그램 B를 선택하는 것의 모순 가운데 문제가 있다. 프레이밍효과는 매우 강력해서 약간 다른 경우에 두 프레임을 다가진 한 개인이라면 자기모순에 빠지기 쉽다. 조금 덜 암울하지만, 또 다른 예를 보자.

문제 1

지금보다 300만원 더 부유해지길 바란다고 하자. 둘 중 하나를 택해야 한다.

(A) 100만원 버는 것이 확실하다,

(B) 200만원을 벌 확률이 50%, 하나도 벌지 못할 확률이 50%이다.

문제 2

지금보다 500만원 더 부유해지길 바란다고 하자. 둘 중 하나를 택해야 한다.

(A) 100만원 잃는 것이 확실하다.

(B) 잃지 않을 확률이 50%, 200만원 잃을 확률이 50%이다.

첫 문제를 생각할 때, 참여자의 거의 3/4이(72%), 확실한 100만원을 버는, (A)를 택했다. 둘째 문제를 생각할 때, 대부분의 참여자가(64%) 도박을 하는 (B)를 택했다. 두 문제는 동일하다. 둘 다 확실한 400만원을 택하느냐 아니면 300만원과 500만원 사이의 균등한 기회를 택하느냐를 제안한다. 동등함에도 불구하고, 이 문제를 매우 어렵게 취급하는 경향이 있기 때문에 한 경우에는 확실함, 다른 경우에는 도박을 선호한다.

이런 사례들에서 나타나는 패턴은 손실의 면에서 선택하는 프레임이면 의사결정자는 손실을 피하거나 줄이기를 바라면서 **위험을 감수**(risk seeking)하고 도박을 택한다. 이런 선호는 특히 큰 손실을 예상할 때 강하다. 그에 반해서, 이익의 면에서 선택하는 프레임이면 의사결정자는 **위험을 회피**(risk aversive)하여 도박을 거부하고 가진 것을 확고히 붙잡는 선택을 한다.

이런 사례들은 옵션이 프레임 되는 방법에 따라 의사결정이 어떻게 변할 수 있는지를 보여준다. 이와 비슷한 효과를 질문이 프레임 되는 방법이 변하는 데서도 볼 수 있다. 양육권은 "거부"해야 하는가 아니면 "수여"해야 하는가? 또한 증거가 프레임 되는 방법에도 영향을 받는다. 예를 들어 사람들은 실패율 50%의 약물을 지지하기보다는 성공률 50%의 의학적 치료를 더 지지하려 한다. 효용이론의 관점에서 보면 그러한 효과는 의미가 없다. 프레이밍은 이러한 옵션의 효용성에 기대하는 효과를 주지 못한다. 그러나 프레이밍에서의 이러한 차이가 우리의 선택을 극적으로 바꾼다.

문제가 서술되는 방식에 속지 않으려면 문제의 상황에서 감정을 제거해야 한다. "이것이 말하는 것이 정말로 무엇인가?" 자신에게 질문하라. 이러한 경우 묻고 있는 것이 무엇인가를 좀 더 일반적인 용어로 적어보는 것이 도움이 된다. 도박문제를 살펴볼 때 이렇게 한다면, 동일한 옵션(400만원에 대한 같은 기회의 300만원 또는 500만원) 사이의 선택이라는 사실을 알 것이다.

감정

의사결정이 그처럼 취약하다고 할 때, 우리가 하는 결정이 감정의 영향을 강하게 받는다는 것은 놀라운 일이 아니다. 예를 들면, 의사결정은 후회하는 감정의 영향을 받는다. 사람들은 후회를 회피하려는 동기가 강하다. 가능하면 훗날 후회가 가장 적을 옵션을 택한다. 마찬가지로, 많은 결정이 위험요소를 포함하고 있고, 위험에 대한 평가가 결정에 영향을 준다. 구체적으로, 우리는 핵사고 또는 새로운 시약 사용의 부작용을 생각할 때 경험을 얼마나 두려워하는지 자신에게 묻는다. 또한 결정을 고려할 때, 의사결정을 안내하는 신체반응— **신체표지**(somatic markers)—을 끌어낼 비슷한 사건을 기억한다. 그러한 경우, 우리는 "직감"에 의하여 옵션을 평가하는데, 이것이 우리를 긍정적인 느낌과 관련된 옵션으로 끌어가고 부정적인 느낌을 촉발하는 옵션으로부터 멀어지게 한다.

지난 감정적 사건을 기억하는데 덧붙여, 미래의 감정적 반응을 예견하는 것이 좋은 의사결정에 장애가 될 수 있다. 그런데, 우리는 우리의 느낌에 관한 예견을 얼마나 잘하고 있는가? 연구결과는 우리가 놀랄 만큼 빈약하다는 것을 보여주고 있다. 우리는 실수를 얼마나 후회하게 될지를 과대평가하는 경향이 있다. 실제보다 더 "후회 회피(regret avoidance)"에 무게를 둔다. 애인과 이별해야 하는 것과 같은 사건에 관한 느낌을 예견해보라고 하면, 중병을 앓거나, 승진을 못하거나, 시험성적이 점점 나빠진다고 후회의 양을 과대평가하는 경향이 있다. 지금 괴롭히는 일들이 계속해서 미래에도 괴롭힐 거라고 믿는 것 같다. 우리는 우리의 적응력을 과소평가하는 경향이 있다.

우리는 모두 살면서 최선의 선택을 원하지만, 의사결정을 할 때 실수하기 쉽다. 사실상, 선택지가 너무 많다는 것이 우리를 불행하게 한다 – 이것이 **선택의 역설**(paradox of choice)이라고 알려진 것이다. 조작과 자기모순에 내던져진 전략을 사용하는 것에서 어려움이 유래한다. 의사결정은 오로지 마주치는 선택의 유용성에 의해 이루어지지 않는다. 어떻게 선택이 프레이밍 되느냐가 의사결정에 크게 영향을 준다. 그리고 물론, 정서적 예측의 오류 때문에 실제로는 하지 않을 후회를 회피하기 위한 조치를 하기도 한다.

요약과 결론

판단을 형성하고, 추론하고, 의사결정을 하는데 몇 가지 어려운 점을 검토하고 나서, 저자 일부는 예상한대로 인간이 비합리적이라는 결론을 내렸다. 그렇지만, 우리는 이성적 사고를 할 수 있도록 설계된 유일한 이성적 동물이어야 한다고 생각한다. 우리 이성을 흩트려서 실수를 유발하는 사고를 일으킬 만한 여러 심리학적 측면이 있다. 판단을 형성하면서, 언제나 풍부한 경험의 이점을 이용할 수는 없다. 속성대체물에 따라 휴리스틱으로 경험의 빈도를 추정한다. 경험의 빈도를 추정하기 위해 흔히 사용하는 두 가지 일반적인 휴리스틱이 가용성 휴리스틱과 대표성 휴리스틱이다. 가용성 휴리스틱으로는 사례를 떠올리는 용이함에 따라 발생이나 속성의 빈도를 추정한다. 대표성 휴리스틱으로는 단일한 사례나 발생을 기준으로 사건의 전체 카테고리를 추정한다. 두 휴리스틱은 흔히 올바른 판단으로 이끌지만 오류를 낼 수도 있다. 그러한 오류의 근원에는 공변과 인과관계에 대한 오해가 있다. 인과관계가 아닌 환상에 불과한 연관성에 빠지는 것이다. 이러한 실수를 증거를 점검하는 방법에서 일어나는 편향이라고 설명한다. 자신의 신념을 확정하는 증거를 찾으려 하고 신념에 저항하는 증거를 찾는 데에는 어려움을 느끼는 경향이다. 이 확증편향도 추론할 때 오류 유발의 근원이다. 일반적으로, 우리는 논리적 추론에 매우 약하지만, 추론의 오류가 항상 경솔함의 결과는 아니다. 흔히 우리가 참이라고 믿는 것은 확증하거나 유지하려 하고, 신념에 저항하는 증거를 묵살하려는 경향에서 비롯된다.

CHAPTER

04

The Psychology of Problem Solving

무관심과 불안 대 동기부여와 자신감

앞에서 말한 바와 같이, 효과적이고 능률적인 문제해결능력을 구성하는 여러 심리학적 요인이 있다. 도입할 때 열거한 요인들(예: 주의집중, 계획하기) 대부분에는 복잡한 지적과정이 들어 있다. 이러한 지적 요인들을 모두 가지고 있어도 여전히 문제해결이 어려울 수 있다. 그 밖에 무엇이 방해가 될 수 있는 것인지 궁금할 것이다. 그래서 문제해결능력을 낮추는 가장 중요한 요인 중 하나인 불안에 대하여 논의하고자 한다.

불안이란 무엇인가?

불안이란 용어는 잘 알고 있듯이, 걱정과 소심한 느낌으로 둘러싸인 복합적인 감정으로서 흔히 근육긴장, 심박동수와 호흡의 증가. 초조함 같은 신체적 증후를 동반한다. 예를 들어, 대학에 진학해야 하는 불안이 종종 필요한 성적을 위해 열심히 공부하도록 학생 동기부여에 도움을 주기도 한다. 게다가, 낯선 사람에 대한 아동의 두려움이 모르는 성인에게 말 건네는 것을 방지하여 그렇지 않을 경우 처하게 될 위험한 상황으로부터 아동을 안전하게 지킬 수도 있다. 그렇지만, 불안이 우리를 위험하지 않은 상황에 두려워하게 만들 때도 많이 있다. 이런 경우 불안은 두려운 상황에 대한 부정적인 신념을 끌어내 결과적으로 그 상황을 회피하게 한다. 예를 들어, 공석에서 말하기를 불안하게 느끼는데 직장 혹은 학교에서 발표하라고 한다면, 그 사람은 발표의 결과에 부정적인 생각을 가질 수 있다. "실수하거나 얼면 어떡하지?", "내 말이 바보처럼 들릴지 몰라", 혹은 "내가 이걸 할 수 있을지 모르겠다"라고 생각할 수 있다. 그러면서 땀을 흘리거나 어지러워하며 심장이 두근거리거나 호흡이 가빠진다. 전화로 병을 알리거나 다른 사람이 발표하도록 부탁하고 싶은 충동을 느낄 수도 있다. 이러한 요인이 모두 불안의 감정을 망라한 것이며, 이러한 증상은 흔히 수학(수학불안math anxiety이라고 알려진)이나 일상생활의 문제를 해결할 때를 포함해서 그 외 다른 상황에서 불안을 느낄 때 나타난다.

많은 사람이 수학불안으로 고심하는데, 수학불안이 수학성적에 영향을 준다. 수학불안이 제시된 자료를 이해하지 못한 데서 비롯된다고 해도 "수학을 잘하기"를 바라는 강력한 압박 때문에 발생할 수도 있다. 만일 "수학을 잘하는" 것이 사람을 영리하게 하는 것이라면, 반대로 수학을 잘못한다는 생각은 내가 우둔하다는 추정이다. 그것은 엄청난 압박이다! 수학불안을 가진 사람은 문제에 접근할 때 가끔 공황상태에 빠지고, 이것이 심장을 두근거리게 하고 호흡을 가쁘게 하여 효과적인 문제해결 사고를 불안한 사고로 대체한다. "난 이걸 할 수 없어", "난 이것을 잘 못해", "이것은 나에게 너무 벅차" 또는 "나는 절대 못해낼 거야"라고 생각할 수도 있다. 이러한 모든 불안한 생각들이 튀어나오므로 수학불안이 있는 사람이 문제해결에 어려움을 겪는 것이 당연하다. 그들은 자주 문제에 집중하지 못하고 보통 다른 사람의 단계별 안내에 의존한다.

수학불안이 있는 사람은 어떻게 해서든 수학을 피하려고 한다. 아동이나 청소년이라면 수업을 빼먹으려 하고, 대학생이라면 수학과정을 택하지 않으려 하며, 성인이라면 식당에서 친구에게 "나눠서 계산하자"고 할 것이고, 직장에서는 기본적인 계산을 동료에게 끝내달라고 할 것이다. 이렇게 수학을 회피하려는 시도는 일시적으로 불안을 완화하는데 도움이 되지만, 미봉책에 불과하고 장기적으로 불안을 해소하는데 도움이 되지 못한다. 게다가, 수학회피는 필요한 문제해결기능을 배울 기회를 놓치게 하여 개념의 이해를 떨어뜨리고 나중에 수학에 대한 불안을 증가시킨다. 수학을 회피하면 불안이 줄어들 것이라고 생각하지만 장기적으로 불안을 증가시키는 것이다. 수학을 회피하는 미봉책은 역효과로 나타나 부메랑이 된다.

짧은 메모

수학 잘 못하는 것을 자랑하는 사람들에게 속지 말라. 앞에서 말했듯이 불안의 핵심요소는 회피다. 수학을 해 본적 없는 "수학을 못하는" 사람처럼 행동한다면 결함을 피하게 되고, 그래서 다른 사람과 자신에게 자신이 실패했다는 것을 증명하기를 회피한다. 이 같은 말이 자신을 조롱하는 정도로 단순할 수도 있지만, 수학회피는 종종 중요한 요인도 된다.

더 나은 문제해결자가 되려면 불안을 줄이고 대신 확신으로 대체하는 일이 중요하다. 수학불안을 확신으로 대체하면, 이 책의 다른 전략들이 더욱 쉽게 다가올 것이다. 그렇지만, 여러분은 혼잣말로, 신뢰하기보다는 신뢰하라고 말하기가 쉽다고 할 수도 있다. 이 장에서는 그 문제를 자신의 능력에 대한 확신을 증가시키고 불편한 불안한 생각과 신체감각을 줄이는 기본적인 불안–감소 전략에 자신을 드러내는 것으로 접근한다. 자신을 준비하라; 이 장의 남은 부분에서 알게 되겠지만, 불안을 극복하는 최선의 방법은 두려움과 맞서는 것이다. "불 속을 걸어갈" 준비를 하고 자신의 능력에 더욱 확신을 가지고 건너편 출구로 나가라!

이 절에서 수학을 하고 일상의 문제를 해결해내는 자신의 능력에 대한 확신을 증가시키는 전략을 알려주겠다. 확신이란 "나는 이것을 할 수 있다"라는 태도 그 이상의 것이다. 그것은 몇 가지 요소로 이루어져 있다. 문제의 목표와 변수에 대한 이해, 객관적이고 열린 마음의 문제접근, 그리고 문제와 씨름할 충분한 준비와 능력이 있다는 느낌이 그것이다. 아마도 확신의 가장 큰 지표는, 이것은 불가피한 것인데, 실패에 대처하는 자신의 능력이다. 이 장에서는 문제를 해결할 수 있다는 느낌이 들도록 자신을 준비하고, 그리고 실패에 대처하는 방법에 초점을 맞추고자 한다. 이 책을 읽은 독자는 모두 자신의 문제해결 능력에 대하여 스스로 신뢰를 높이는데 필요한 도구를 모두 갖추게 될 것이다.

처음 읽어보면 주눅이 들것 같은 문제, 그러나 패턴 찾는 전략과 함께 보면 제법 감당할 만한 문제인 다음 문제를 한 번 보자. 이러한 종류의 놀랄만한 사건은 확실히 여러분의 자신감을 세워 줄 것이다. 제시된 문제는 처음 20개의 홀수의 합을 구하는 것이다.

문제를 조사하면, 20번째 홀수가 39라는 것을 알 것이다. 그래서 $1+3+5+7+\cdots+33+35+37+39$의 합을 구하고 싶다. 첫 반응으로 단순히 1부터 39까지 홀수를 모두 적고 실제로 그것을 더해서 이 문제를 풀 수도 있다. 그러나 기껏해야 이 방법은 극히 번거롭고 시간 소모가 많고, 실수할 가능성도 여러 가지다,

앞 장에서 말했듯이, 문제해결 경험이 늘어나면 문제해결에 대한 자신의 신뢰도 커진다. 이 문제를 다루는 또 다른 가능성은 일찍이 말한 가우스 방법을 따르는 것인데, 우선 20개 홀수를 1, 3, 5, 7, …, 33, 35, 37, 39와 같이 나열한다. 이제, 첫 번째 수와 20번째 수의 합이 $1+39=40$, 두 번째 수와 19번째 수의 합도 40 ($3+37$이니까), 등등 임을 주목한다. 그래서 이것으로 40을 몇 번 더하게 되는지를 결정하는 것이 필요하다. 대상이 되는 수가 20개이므로 10쌍이 되고, 그래서 곱셈 $10\times40=400$을 해서 답을 얻는다. 이런 뜻밖의 기술을 경험하면 자신의 신뢰를 증가시키고 한 단계 더 올라서게 된다.

이 문제를 다른 방법이지만 또 다른 패턴을 찾아서 조사할 수도 있다.

아래 표를 보면 꽤 분명하게 처음 n개의 홀수의 합이 n^2임을 알 수 있다. 그러므로 우리 문제의 답은 간단히 $20^2=400$이다. 문제를 해결하는 대안적인 방법은 장래의 문제해결 노력을 훨씬 향상시킨다.

더하는 수	더하는 수의 개수	합
1	1	1
1+3	2	4
1+3+5	3	9
1+3+5+7	4	16
1+3+5+7+9	5	25
1+3+5+7+9+11	6	36

예를 들면, 단지 혼란스럽게 보이기 때문에 압도되는 문제가 있다. 방법은 혼란스러운 것을 선별하여 분별할 수 있는 용어로 바꾸는 것이다.

사과 A의 값이 D달러이면, 같은 비율로 사과 B의 값은 몇 센트일까?

이 문제에 접근하는 데는 여러 방법이 있다. 대부분 문자대신 숫자를 택하고 그러고 나서 답을 구하기 위해 다시 문자를 끼워 넣으려고 한다. 이렇게 하면 혼동하기 쉽고, 운이 없으면 틀린 답을 얻는다. 어떤 사람은 단위가격을 구하라고 배워서 거기서부터 해나간다. 이것도 혼란에 빠질 수 있다.

일반적인 규칙으로, 이런 문제는 자료를 적절히 의미 있게 조직하면 잘 풀릴 수 있다. 여기서, 다소 상식적인 의미로 비례원칙을 사용하자. 비례식은 각 분수에서 같은 측정 단위를 사용해서 얻는다:

$$\frac{A}{B} = \frac{A\text{사과 가격}}{B\text{사과 가격}} = \frac{100D}{x}$$

마지막 분수를 얻는 데는 상식적인 방법을 사용했다. 문제가 답을 센트로 나타내도록 요구하기 때문에, 달러가 아닌 센트를 단위로 해서 분수를 나타냈다. 이제 x를 구하면 답을 얻는다. 남은 것은 간단한 계산이다:

$$\frac{A}{B}=\frac{100D}{x},\ \text{그러므로}\ x=\frac{100BD}{A}.$$

이런 타입의 문제에 경험이 있으면 이처럼 간단한 해법에 더 빨리 다가서는데 도움이 되지만, 확신이 부족하면 문제를 새로운 방법으로 어떻게 다룰지 멈추고 생각하는 것을 방해한다. 더욱이, "우회하여" 문제를 풀면, 우리 뇌는 이런 문제를 실제보다 훨씬 더 어렵게 착각하게 된다. 이런 문제가 자주 일어나지 않도록 확신을 증가시키는 방법을 살펴보자.

흥미를 개발하기

확신은 어떤 주제에 흥미를 갖는 것에서 시작된다. 어떤 사람은 새로운 문제에 자신 있게 바로 뛰어드는 것이 쉬운 일이지만(이러한 타입의 사람은 대개 실패에 대한 두려움이 없다. 이에 대하여 곧 말하게 된다), 대부분 사람들은 주제에 대한 자신의 능력에 확신을 갖기 전에 적당한 수준의 경험을 필요로 한다. 이 책을 읽고 있는 여러분은 이미 자신의 흥미를 개발하는 첫 단계를 밟은 것이다.

자신의 인생에서 흥미를 발견했던 일들을 생각해 보라 – 취미, 활동, 그리고 주제들. 자신의 인생에서 우선권이나 흥미를 가졌던 일은 그것에 어떤 목적이나 의미가 있었을 것이다. 일상 운동과 관련해서 건강에 도움이 되기 때문에 날마다 조깅할 수도 있고, 입을 걸 마련

하거나 좋아하는 사람에게 손수 만든 선물을 하려고 뜨개질을 즐길 수도 있다. 역사를 좋아해서 옛날 서적을 즐겨 읽거나 "역사는 스스로 반복하기" 때문에 지난 일에 대하여 자신을 가르칠 수도 있다. 사람들은 무언가 자신이 의미를 찾은 활동에 흥미를 보인다.

어떤 일이 "지루하다"고 생각했다면, 그것은 부분적으로 그 일에서 의미를 이해하지 못했거나 목적을 부여하지 않았기 때문이다. 그 일을 해보고 좋아할만한 결과를 얻지 못했을 수도 있다. 만일 자신의 문제가 후자라면, 이 책으로 도움을 받아 강력한 문제해결자로서 기초를 세우고 수학문제나 일상생활문제 모두 효과적이고 정확하게 해결하는 법을 습득하기 바란다. 만일 전자의 문제로 고심하는 경우, 이 책을 계속 읽으면 수학과 문제해결에서 스스로 의미를 찾는데 도움이 될 것이다.

자신의 수학과 문제해결 기능을 향상시키려면, 우선 삶 속에서 자신의 기능을 확장하는 일의 중요성과 그 목적을 이해하는 것이 중요하다. 도입에서 언급한 바와 같이, 문제해결은 우리 생활의 모든 영역에 스며들어 있다. 일상 활동과 매일 마주치는 문제들을 생각해 보라. 자신의 삶에서 어느 문제가 해결하기가 가장 어려웠는가? 만일 그 문제들을 해결할 자신의 능력에 대한 확신이 있다면 대단하지 않을까? 자신의 삶에 긍정적인 영향을 주는 문제해결기능을 확장하는 방법의 목록을 만들어두면 도움이 된다. 참고할 만한 샘플을 여기 제시한다. 이 중 몇 가지는 여러분에게 적용될 수 있다.

내 삶에 영향을 줄 문제해결기능을 향상시키는 방법

- 나는 문제를 더 빠르게 그리고 더 정확하게 풀 수 있고, 그래서 하루의 시간을 절약해 줄 것이다.
- 나는 직장에서 문제를 해결할 때 더 효율적이고 정확하게 할 것이고, 그것이 생산성을 증가시켜서 승진도 할 것이다.
- 나는 더욱 자신감을 느낀다.
- 나는 다른 사람의 도움에 덜 의존하게 될 것이다.
- 나는 더욱 독립적임을 느낄 것이다.
- 나는 내가 문제를 떠맡으면서 곧바로 답을 모를 지라도 자신감을 가질 것이다.

일단 자신의 목록을 적어 놓고, 더욱 효과적이고 효율적인 문제해결자로서의 자신의 삶을 상상해 본다. 그것이 자신의 삶에 기여할 긍정적인 효과에 대하여 생각한다. 자신이 살아가면서 마주친 쉽게 풀 수 있었던 문제들을 기록함으로써 스스로 문제해결능력을 향상시킬 동기를 부여한다. 자신의 다양한 능력을 향상시키고 싶을 때 목표나 기한을 설정하는데 도움이 된다. 일단 목표가 설정되면, 시작할 때가 된 것이다.

자신의 흥미를 개발하기 위해 택하는 준비 단계로 먼저 다른 사람의 문제해결을 관찰해야 한다. 문제해결에 관한 책(이 책과 같은)을 읽어도 좋고, 온라인으로 비디오를 보거나 해당 영역에 경험이 있는 사람과 대화를 해도 좋다. 사람마다 개념에 대한 관점이 다양하고 그에 대한 어려움도 각기 다르다. 문제해결전략에 더 많이 노출될수록 결과적으로 전문용어를 이해하고 활용하는데 대한 확신과 자력으로 문제해결을 실행하는 자신의 능력에 대한 신뢰가 증가한다.

마지막으로, 흥미를 개발하는 최선의 방법은 그 일을 즐거운 일로 만드는 것이다. 문제해결을 자신이 즐겁게 할 수 있는 방법을 생각하라. 여기 한 가지 형태 또는 다른 형태로 만날 일이 하나 있다. 지금 농구 토너먼트를 짜야 하는데 게임에 사용할 수 있는 경기장이 하나 밖에 없다고 하자. 25개 팀이 일패탈락 토너먼트(single elimination tournament), 한 번 진 팀은 탈락하는 방식으로 경쟁한다. 문제는 챔피언 팀을 한 팀 결정하려면 경기장에서 몇 게임이나 진행해야 하는가이다. 전형적인 방법은 12팀이 다른 12팀과 게임해서 첫 라운드에 12팀을 탈락시키는 토너먼트를 시뮬레이션해 보는 것이다. 이 과정을 계속하며 각 라운드마다 이루어진 게임 수를 헤아려서 챔피언을 결정할 때까지 필요한 모든 게임의 총합을 구한다. 그림 4.1은 우승팀을 결정할 때까지 실행되는 게임 수를 세는 방법을 플로차트로 나타낸 것이다.

이렇게 조심스러운 방법으로 풀 수 있지만. 문제를 다른 관점에서 살펴보면 훨씬 쉬어진다. 25팀 가운데 한 챔피언 팀을 얻으려면 패한 팀이 얼마나 있어야 할까를 생각해보자. 분명히, 패한 팀이 24팀 있어야 한다. 당연히, 24개 패한 팀에는 24경기가 필요하다. 여기에 답이 있다. 때로는 문제를 이런 관점에서 보면 얻는 것도 많고 시간도 절약된다.

자신의 흥미영역에 수학과 문제해결을 적용하라. 모든 취미와 활동에는 어느 순간 해결해야 할 문제가 있다! 스포츠에서는, 볼을 차거나 던질 때 다른 어떤 각도와 속도가 더 유리하고, 팀은 볼을 협동하여 효과적으로 패스해야 할지 아니면 다른 팀으로부터 훔쳐야 할지 도전해야 한다. 공예와 인테리어 디자인에서는 정확한 측정과 조직기술이 필수적이다. 자신이 인정하는 영역에 문제해결을 적용할 능력이 있을 때, 문제해결은 훨씬 즐겁고 흥미로운 것이 된다.

예를 들어, 집에 비어있는 큰 벽에 그림액자를 걸어 실내장식을 다시하려고 할 때 있을 수 있는 문제다. 벽이 얼마나 큰지 정확하게 알지는 못하고, 프린트해서 액자로 만들 그림들을 몇 가지 사이즈 가지고 있다. 그런데 당황스러운 것은, 닷새 후에 생일파티가 계획되어 있고, 그때 가족과 친구에게 사진을 자랑하고 싶다. 그리고 아직까지 한 일은 사진을 선택한 것뿐이다. 프린트를 안했고, 액자도 없다. 이 일을 시간 안에 어떻게 마칠 수 있을지 자신이 이 일을 완성해 낼 재주나 있는지조차 모르겠다.

문제해결을 두려워하는 사람은 이 문제를 해결하기를 회피하려고 일 전체를 잊어버리기로 결정하거나 수천 달러를 들여 인테리어 디자이너에게 이 일을 맡겨서 끝내려 하기 쉽다. 아마도, 이 문제해결을 어떻게 시작할까 생각하는 것조차 심장을 뛰게 하고 긴장하게 할 것이다. 우선 이런 불안 때문에 생기는 신체증상을 다루는 방법부터 논의하자.

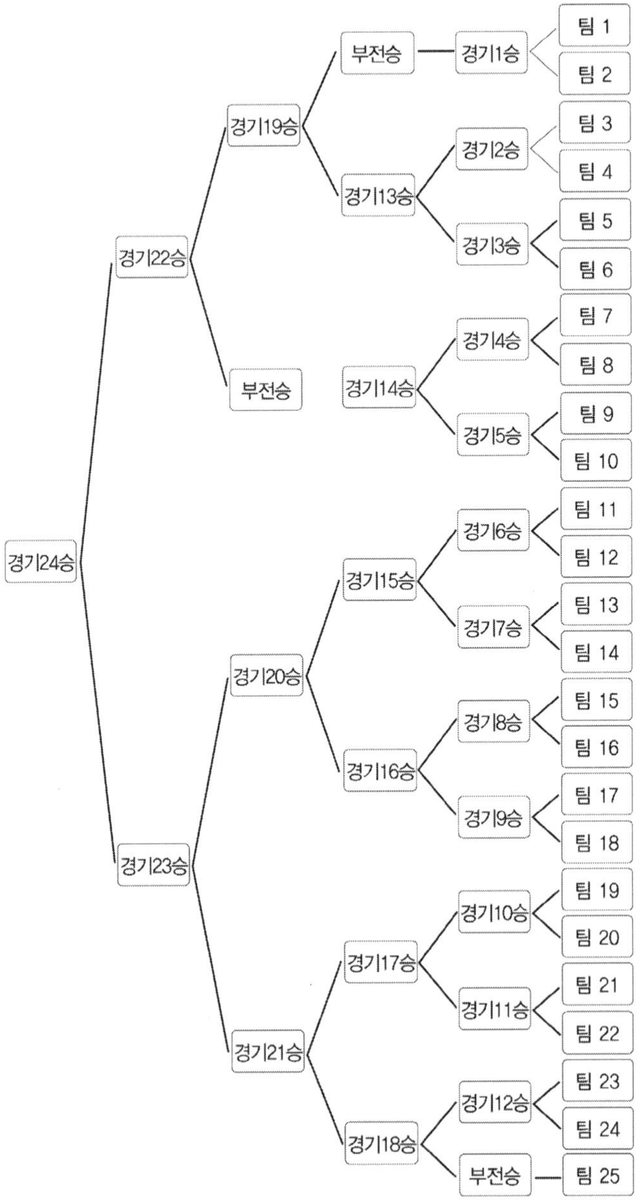
경기24승
경기22승
경기23승
경기19승
부전승
경기20승
경기21승
부전승
경기13승
경기14승
경기15승
경기16승
경기17승
경기18승
경기1승
경기2승
경기3승
경기4승
경기5승
경기6승
경기7승
경기8승
경기9승
경기10승
경기11승
경기12승
부전승
팀 1
팀 2
팀 3
팀 4
팀 5
팀 6
팀 7
팀 8
팀 9
팀 10
팀 11
팀 12
팀 13
팀 14
팀 15
팀 16
팀 17
팀 18
팀 19
팀 20
팀 21
팀 22
팀 23
팀 24
팀 25

‖ 그림 4.1 ‖

신체증상

중요한 문제를 해결해야 하는 압력이나 시간적 제약이 있는 상황에 처한 경우, 그 일을 해 낼 자신의 능력을 방해할 수도 있는 불안을 느낄 것이다. 이런 일이 일어나면, 불안으로 인해 덥고, 땀나고, 심박동수와 호흡이 증가하고, 근긴장도를 경험하게 되는데, 이런 신체증상을 완화하는데 도움이 되는 전략이 있다.

심박동수를 줄이고 과열된 느낌을 중화하는데 효과가 있는 한 가지 전략은 찬물을 끼얹거나 얼굴에 냉습포를 사용하는 것이다. 냉습포나 물이 신체에 충격을 주어 보다 분명하게 사고할 수 있도록 해주고 너무 과열된 느낌을 진정시켜 준다. 공황을 느낄만한 상황에 처하면 이 전략을 사용하는 것이 최선이다. 만일 자신이 해결해야 할 문제가 최악의 고비거나 시간적 압박까지 있다면 극도의 공황에 빠질 것이다. 물론, 이 전략이 항상 실현가능한 것은 아니다. 특히 냉수나 냉습포를 구할 수 없거나 집단 환경에 처한 경우 그렇다. 그리고 너무 찬 물은 심장박동을 급격하게 낮출 수 있으므로, 이 전략이 자신에 적절할지 조심스럽게 결정해야 하고 의심스러우면 항상 의사와 상담하는 주의가 필요하다.

좀 더 은밀한 방법으로 심장박동과 호흡을 효과적으로 줄일 수 있는 또 다른 전략은 **걸음호흡법**(paced breathing)이라고 부르는 기술이다. 이것은 자신의 매 호흡마다 들숨과 날숨의 길이를 세면서 가능한 길게 쉬는 것이다(스스로 너무 불편하게 하지는 않으면서). 걸음호흡법은 보통 4초 동안 들이쉬고 6초 동안 내쉰다. 날숨을 들숨보다 더 길게 하는 것이 심장박동수가 줄도록 도움을 주는데 이상적이다. 이 전략이 불필요하게 다른 사람의 관심을 끌지도 않고 눈에 쉽게 뜨이지도 않기 때문에 문제를 해결하는 순간이나 시험을 치르는 상황에서 사용하기가 가장 쉽다.

불안에 의한 신체증상, 특히 근육긴장을 줄이는 마지막 기술로 **점진적 근육이완법**(progressive muscle relaxation, PMR)이 있다. PMR은 신체의 서로 다른 근육군을 대개 조직적으로 긴장시키거나 이완시킨다. PMR을 시행하면 온몸의 긴장에 대하여 인식이 증가할 뿐 아니라 스트레스와 불안이 경감된다. 이 전략을 최상으로 활용하려면 생활습관으로, 아침이나 잠자리에 들기 전에, 또는 몸에 긴장을 느낄 때 하는 것이다. 위기의 고비나 시험을 치르는 상황에서는 PMR을 사용하는 것이 비현실적이겠지만, PMR은 자신의 신체에서 긴장의 양을 줄이는데 도움을 주고 더 차분하고 훨씬 이완된 상태가 되도록 도와준다.

집 장식 문제와 관련해서, 시작할 때 생길 수도 있는 불안에 의한 신체증상을 줄이는 몇 가지 전략을 실행한다.

- 먼저, 욕실이나 주방에 들어가 찬물로 세수한다. 이렇게 해서 정신이 번쩍 들고 심박동수가 줄어들어 열과 땀 흘리는 느낌에 대응한다.
- 몇 번 천천히 깊게 호흡한다. 넷까지 세면서 들이쉬고 여섯까지 세면서 내뱉는다. 이렇게 일분이상 충분히 한다.
- 다음으로, 신체의 근육을 이완시키도록 한다. 어깨, 팔, 다리, 얼굴을 풀어준다.
- 심장박동수가 정상으로 돌아온 것을 느낄 때까지 느리게 숨쉬기를 계속한다.

"어떻게 이것을 문제해결전략이라 할 수 있어요? 실제로 문제를 해결하는 데는 도움이 안돼요!"라고 반문할 수도 있다. 사실을 말하는데, 불안한 신체증상이 가끔 문제해결과정에 방해가 되고, 이완하기나 결음호흡법과 같은 전략을 통해 불안을 줄여주면 보다 분명하게 사고하여 훨씬 정확하고 효율적으로 결정하는데 도움이 된다.

인지전략

불안에 대한 신체증상에 대처한 다음에는, 상황에 대한 자신의 불안을 더 줄이도록 인지전략을 사용하면 도움이 된다. 문제해결에 불안을 느낄 때 자신에게 다음과 같은 질문을 한다:

- "이 상황에서 일어날 수 있는 최악은 무엇인가?"
- "일어날 수 있는 최선은 무엇인가?"
- "어떤 일이 가장 일어날 것 같은가?"

최악의 시나리오가 일어날 가능성에 대하여 생각하라. 흔히, 우리는 최악이 일어날 가능성을 실제보다 훨씬 크게 생각한다. 더욱이, 최악의 시나리오가 실제로 일어났을 때 보통 그 영향을 과대평가한다. 잠깐 멈추고 결과의 가능성들을 조사한 후, 불안에 대해서는 보다 작게 실제에 대해서는 보다 크게 예측한다면, 불안을 상당히 줄일 수 있다. 신체증상이 너무 심해지면 명확하게 사고하기가 힘들기 때문에 (그래서 예측이 훨씬 부정확해지므로), 인지전략을 사용하기 전에 앞 절에서 열거한 전략을 사용해야 한다.

다음으로, 문제해결과정에 대하여 생각하고 가까이 있는 문제와 자신의 전략이 성공하지 못할 경우 추진할 방안에 대하여 계획을 세운다. 우리는 종종 문제를 보면서 부정적인 결말의 압도적인 가능성을 예측하고, 그만두거나 외면하게 된다. 수학문제에 대해서도 마찬가지다. 생각하기 너무 힘든 과제라고 보고 외면해 버린다. 두 경우 모두 문제를 다룰 수 있을 만한 단계로 쪼개는 것이 좋다. 덧붙여, 좋은 결과를 상상해보는 것이 스트레스를 줄여준다. 순조롭게 되어가는 상황을 그려보는 것이 절차에 대하여 더욱 자신감을 갖는데 도움이 되고, 불안이 자신의 계획실행과정에 개입하지 못하도록 방지하는데 도움이 된다. 만일 전략이 성공하지 못하면, 실패를 효과적으로 대처하는 상상을 하라. "더 성공적인 결과를 얻을 수 있도록 가능성을 높이려면 무슨 변화가 필요할까?" 자신에게 질문하라.

불행하게도, 문제해결에서 실패란 언제든 예상할 수 있는 요소다. 누구나 이따금 실패를 한다; 그렇지만, 수학불안을 가진 사람들은 언제나 실패의 두려움 속에 살고 있다. 그처럼 우리를 대처하기 어렵게 만드는 실패란 도대체 무엇인가? 이 질문에 대한 답은 사람마다 다르다. 어떤 사람에게는, 실패가 당황함이나 다른 사람의 조롱과 관련되어 있다. 다른 사람에게는 완전해지려는 욕망이고, 무능하거나 한 영역에서의 결함이 자부심이나 다른 영역에서의 능력을 결정하는 것이 아님을 인정하지 않으려는 탓이다. 힘들여 노력하고도 아무것도 얻지 못한다는 사실만 알고 마는, 시간과 노력의 낭비일 거라는 두려움일 수도 있다. 그리고 또 다른 사람들에게는 실패와 연관되는 추가적인 두려움이 있을 수 있다. 만일 실패했을 때, 자신이 **진실로** 두려워하는 것이 무엇인가? 스스로 자문해 보는 것이 중요하다.

일단 자신의 실패에 대한 두려움에 관하여 더 잘 이해하게 되면, 실패가 의미하는 것에 대하여 가지고 있는 생각에 도전하라. 때때로, 실패 결과의 최악의 상황을 상상해 보라(예: 아무 것도 얻지 못한 채 온통 시간만 낭비했다고 모두들 비웃거나 멍청하다고 할 것이다). 실패가 삶의 정상적인 일부분이라는 것이 진리라면 문제해결은 학습에 있어서 필수적이다. 좋은 예가 야구에서 타율이다. 0.300은 매우 높은 타율이고 명예의 전당에 오른 선수 중에도 타율이 이보다 낮은 선수가 있다. 그렇지만, 0.300이 의미하는 것은 선수가 10번 배팅할 때마다 안타를 3개만 때린다는 것이다. 이것은 선수가 성공하는 것보다 훨씬 많이 실패한다는 것을 의미하지만, 사람들은 이 점에 대해 거의 주목하지 않는다. 실패가 두려울 때면 이 예를 기억해 보아라. 실패는 삶의 정상적인 일부분이고 때때로 예상되는 일이라고 자신에게 반복해 말하면서, 그 일에 성공하지 못했다는 생각과 싸워라. 해보고 실패하는 것이 전혀 해보지도 않은 것보다 훨씬 낫다고 자신에게 말하라. 스스로 상기하라: 실패를 좋아하는 사람은 없다. 그러나 실패는 필수적이고 문제해결에서 장애를 극복하는 과정의 일부다. 실수로부터 끊임없이 배우는 것이 목표이고, 그렇게 해서 개선할 수 있고 일을 이룰 수 있다. 자신에게 이런 적극적인 말을 하면서 자신의 사고에 도전하는 것을 **긍정적 자기대화**(positive self-talk)라고 한다. 문제해결을 시작하기 전에 그리고 문제해결과정 중에 자신이 인내하도록 격려할 때 긍정적 자기대화를 하는 것이 가장 큰 도움이 될 수 있다.

이러한 인지전략을 우리 난문제인 집 장식문제에 적용해 보고 또 수학형식에도 활용하여 보자. 가능한 결과에 대하여 스스로 자문하면서 시작한다.

- **이 상황에서 일어날 수 있는 최악은 무엇인가?**
  내가 부정확하게 벽을 측정해서 맞지 않는 액자를 구입하면, 벽이 미완성된 채 남을 것이다.
- **일어날 수 있는 최선은 무엇인가?**
  내가 전부 정확히 계산해서, 정확한 액자를 구입하고, 친구와 가족들에게 자랑스럽게 보여 줄 계획을 완수한다.
- **가장 일어날 가능성이 큰 것은 무엇인가?**
  아마 내가 측정할 때 또는 구매할 때 실수 할 수도 있겠지만, 파티 때까지는 대부분 계획대로 달성할 것이다.

다음으로, 문제해결을 위한 계획을 세운다. 이것은 문제를 더 잘 정의하는데 도움이 된다. 먼저, 계획을 시작하기 전에 쓰일 모든 자재의 목록을 만든다.

필요한 자재

- 줄자
- 망치
- 못
- 연필과 종이
- 액자
- 인쇄한 그림
- 액자를 배치할 넓은 공간(벽 공간의 크기)

실행, 실천, 연습

자신의 흥미를 더욱 개발하려면, 광범위하게 실천해야 한다. 수학문제나 일상생활 문제 해결을 실행하는 것에 어려움이 있는 사람에게는 불안을 야기할 지라도, 불안을 극복하는 최선의 방법은 두려움과 마주하는 것이다. 쉽지 않은 과제 하나를 실행하면, 불안을 작동시키는 도화선에 자신을 둔감하게 만드는 것이다. 수학불안을 가진 사람은 흔히 문제해결을 할 수 없을 것이란 두려움을 가지고 있다. 수학불안에 도움을 주었던 전략들은 문제해결에도 똑 같은 도움을 준다.

우리는 모두 타고난 재능이 있다. 하지만, 능숙해지기 위해선 열심히 노력했던 것을 생각하라. 그것이 스포츠, 외국어, 또는 악기일 수도 있다. 처음에는, 다른 사람의 끊임없는 지도나 조력이 없으면 불가능했을 것이다. 그러나 시간이 지나면서, 자신이 지닌 능력으로 다양한 재주를 개발하여 결국에는 자력으로 실행할 수 있게 되고 더욱 능숙함을 느낀다.

수학문제해결과 일상생활 문제해결 기술도 같은 방식으로 개발된다. 많은 사람들이 수학적 재능을 "타고난 능력"이라고 믿기 때문에, 자신들의 재능과 문제해결능력을 개선할 수 없다고 생각한다. 수학에 타고난 능력을 가지고 있는 사람도 있지만(사람들이 여러 다른 영역에서 타고난 재능을 가지고 있는 것과 똑같이), 수학이란 타고 나든지 아니면 전무인 그런 것은 아니다. 자신의 수학문제해결 능력을 개선하는 일은 항상 가능하다. 그러나 다른 기능과 능력을 수년 동안 배워서 획득하는 것과 똑같이 수학문제해결 기능을 습득하는 것도 처음에는 꽤 많은 지도와 안내가 필요하다. 예를 들어, 곱셈을 배우는 것은 많은 아동들에게 벅찬 과제다. 대부분 단계적인 지도와 반복이 필요하다. 그러나 지금은 여러분도 쉽고 빠르게 곱셈을 할 수 있을 것이다. 수학문제해결 기능도 같은 방식으로 개발된다는 것을 명심하라. 처음에는 어렵게 보여도 연습하면 능력을 획득하게 된다.

문제해결을 연습하는 첫 번째 방법은 보다 기본적인 과제부터 시작하는 것이다. 제 2장에서 언급했듯이, 매우 복잡하고 어려운 과제도 쉽게 완수할 수 있는 더 작고 간단한 과제로 분해할 수 있다. 그러므로 곧 바로 우리의 집 장식문제에 뛰어들기 전에, 우리가 취할 수 있는 가장 작은 단계는 완수해야 할 과제의 목록을 만드는 것이다.

과제

- 벽 측정하기
- 벽의 치수와 걸어 놓을 사진의 수를 근거로 프린트할 사진의 크기 결정하기
- 사진 프린트하기
- 액자 구입하기
- 망치, 못, 줄자 구입하기(또는 챙기기)
- 액자에 사진 붙이기
- 벽의 장식할 영역에 액자를 배치하고 원하는 모습이 나올 때까지 정리하기
- 사진과 레코드 사이 공간 측정하기
- 사진들 위치를 기억하기 위한 사진을 찍거나 배열을 스케치하기

- 사진/스케치와 사진 사이의 공간을 근거로 사진이 걸릴 벽 위치 표시하기
- 사진액자를 모두 걸기

알 수 있는 바와 같이, 간단한 과제조차 어려움의 수준이 다양하다. 그렇지만, 일단 큰 프로젝트를 다룰 수 있을 만한 더 작은 과제들로 쪼개면 덜 위압적이고 보다 쉽게 해낼 수 있을 것처럼 보인다. 그런 다음 프로젝트를 완성할 시간표를 작성할 수도 있다. 이 예에서는, 인화지와 사진의 질이 우수한 상점에서 사진을 프린트하려 한다고 하자. 이미 망치와 못, 줄자는 준비해 두었다, 아래는 시간표의 예이다.

파티 시간표

월요일	• 줄자, 망치, 못 준비 • 벽 측정하기 • 사진 크기 결정 • 사진 파일을 상점에 갖고가기
화요일	• 액자 구입
수요일	• 상점에서 사진 찾아오기
목요일	• 열린 공간에 액자를 늘어놓고 배열해 보기 • 사진 사이의 공간을 측정해 기록하고 배열을 정하기
금요일	• 사진을 걸 위치를 벽에 연필로 표시하기 • 사진 걸기
토요일	• 파티 날! 성공을 즐기자!

여기서 파티–계획하기 프로젝트를 잠깐 멈추고 일반적인 프로젝트의 양적 측면이 어떤지에 대하여 논의해 보자. 지금 다루는 문제에는 수학적인 면은 적고 조직적 기능과 기획능력이 더 있는 것 같다. 그렇지만, 액자가 공간을 얼마나 차지할지 궁금하지 않았을까? 이것을 발견한 것은 놀라운 경험이었겠지만, 더 중요한 것은 자신을 둘러싸고 있는 양적 세계에 관해서 더욱 눈뜨게 된 일일 것이다. 크기가 $8'' \times 10''$인 액자를 생각하자. 보통 액자테 넓이는 눈에 두드러지지 않을 정도인 1/2인치이다. 그림 4.2와 같은 상황을 조사해보자.

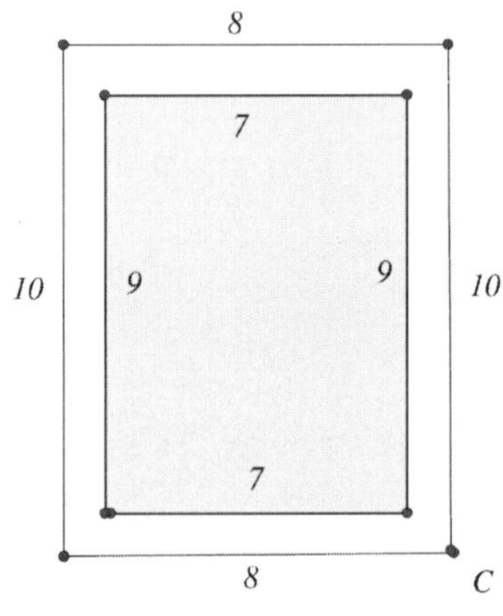

‖ 그림 4.2 ‖

액자와 함께 전체 그림의 넓이는 80제곱인치이고, 사진의 넓이는 63제곱인치이다. 그러므로 테 부분의 넓이는 $80 - 63 = 17$제곱인치이다. 이것은 $\frac{17}{8} = 0.2125 = 21.25\%$, 또는 액자 넓이의 $\frac{1}{5}$보다 넓다.

여기서 중요한 것은 여러분을 에워싸고 있는 양적인 세계에 대한 경각심이다. 이런 종류의 놀라움을 일으킬 수 있는 일상적인 예는 많이 있다. 프로젝트를 즐겁게 완수하는 동안 이런 종류의 놀라움도 알아보길 바란다.

결론

결론적으로, 자신의 문제해결 능력에 확신을 쌓는 일은 시간, 인내, 그리고 많은 노력이 필요하다. 만일 불안이 자신으로 하여금 수학이나 문제해결을 방해한다는 것을 확인했다면, 이를 극복하는 가장 좋은 방법은 다양한 타입의 많은 문제를 실제로 풀어봄으로써 자신의 두려움과 맞서는 것이다. 흥미를 느끼는 책을 읽거나 문제해결을 즐겁고 창의적인 방법으로 묘사한 비디오를 봄으로써 수학이나 문제해결을 즐겁게 할 방법을 찾아라. 전에는 결코 알아채지 못했던 것에 눈을 뜨고, 문제의 양적인 측면에서 즐길 수 있는 방법을 찾아보아라. 냉수를 이용하거나, 걸음호흡법, 점진적 근육이완법 같은 신체적 전략이 걱정스런 생각 때문에 상황을 더 불편하게 하고 파국에 이르는 불안한 신체증상을(예: 가슴이 뛰거나, 호흡이 가빠지는) 완화하는데 도움을 준다.

실패에 대처하는 것은 보통 수학이나 문제해결에 관한 불안을 경험할 때 사람들이 대면하는 가장 큰 어려움이다. 실패를 문제해결의 정상적인 측면으로 인식하는 것과 함께 긍정적 자기대화를 활용하는 것과 같은 인지적 전략은 자신을 인내하도록 격려하는데 유용한 도움을 준다. 위압적이고 복잡한 과제를 더 작고, 단순한 과제로 쪼개서 더욱 쉽게 해낼 수 있을 만한 과제로 만들어라.

CHAPTER

05

The Psychology of Problem Solving

주의와 건망증 대 주의집중과 작동기억

문제해결에 타고난 재능이 있을지라도, 주의가 산만해 지거나 문제해결에 필요한 중요한 부분을 망각해버리면 효율성은 저해된다. 부주의와 건망증은 많은 사람들에게 빈번하게 일어날 수 있는 문제이다. 부주의는 주의를 얼마간 지속할 수 있는 능력이 부족한 것이고, 건망증은 이미 학습한 정보를 망각하는 것이다.

긴 시간 동안 주의를 집중할 수 있을 때가 있는 반면, 어떤 때는 눈앞에서 일어나는 자극에 의해 주의가 산만해지는 것을 경험해 본적이 있는가? 혹은 왜 어떤 것은(때로는 중요하지도 않은) 세밀하게 기억하면서, 실제로 기억하고 싶은 정보를 회상하는데 애를 먹는 것이 이상하게 생각되지 않았는가? 오랫동안 주의를 집중하고 중요한 세부사항을 기억해 내는 타고난 재능이 있다고 해도, 더욱 더 문제에 집중을 유지하게 하는 몇 가지 행동이 있다. 이 장에서는, 주의를 집중하는 능력을 개발하고 단기 기억을 강화하는데 도움이 되는 전략을 검토한다.

주의집중에 도움이 되는 전략

산만함을 제거하기

문제해결을 하다가 산만해지면 문제해결이 어떻게 지체되는지 어렵지 않게 경험한다. 주의가 산만해지면 이미 세워놓은 정보의 자취를 잃게 되어 과제를 유연하게 수행하기가 어렵다. 지속적으로 산만함을 겪게 되면, 문제의 목표, 변수, 그리고 해놓은 진척상황을 기억하기가 어렵기 때문에 동일한 과제를 되풀이해서 다시 시작해야 하는 일이 벌어진다.

흔히 주의를 산만하게 하는 예들: 텔레비전, 가요, 휴대폰, 이메일 수신, 타인. 어떤 사람은 백그라운드에서 나는 많은 소음 속에서 일이 더 잘 된다고도 하지만, 연구에 따르면 일반적으로 방해받지 않고 일하는 것이 더 좋다. 이에 대하여는 이 장의 뒤에서 더 자세히 논의할 것이다. 티브이와 음악을 꺼라. 컴퓨터에서 프로젝트를 작업할 때 와이파이가 필요하지 않으면 꺼라. 휴대폰을 다른 방에 두든지 아니면 꺼라. 다른 사람과 대화를 중단하라(물론, 하고 있는 문제와 관련이 없다면). 흔히 간과하는 방해요소는 실내 온도이다. 실내가 너무 춥거나 더우면, 신체의 온도적응이나 불편함에 따라 산만해질 수 있다.

게다가, 과제가 어려울수록, 더 많은 지적능력이 필요하므로 집중 방해요소를 최소로 하는 일이 더욱 중요하다. 대부분의 사람들에게 상당히 도전적 과제인 운전을 처음 배울 때를 회상해보라. 많은 사람들이 운전에 익숙하기 전에는 안전하게 운전하기 위해서 너무 열심히 도로에 집중하기 때문에 운전하는 동안 음악도 약하게 아니면 아예 꺼놓았고 대화도 나누지 못했다고 한다. 지금도, 경험 많은 운전자라 해도, 나쁜 날씨에 운전을 하거나 혹은 길을 잃게 될 특이한 운전상황에서는 음악을 줄이거나 다른 사람과 대화를 멈춘다. 이러한 경우에, 뇌는 가까이 있는 문제를 해결하기 위해 훨씬 많은 에너지를 필요로 하는데, 이것은 불필요한 것을 최소화하거나 제거하는 것을 의미한다.

물론, 이 말은 좀 더 쉬운 문제를 풀고 있다면, 더 어려운 문제를 풀 때처럼 과제에 지능을 그렇게 많이 할당할 필요가 없다는 의미다. 그러나 쉬운 문제를 풀고 있다고 해서 산만함이 차이를 내지 않을 것이라고 생각한다면 어리석다. 과제가 쉬울수록 효율성과 속도가 중요하다. 산만함이 작은 과제를 큰 과제로 바꿀 수도 있고 쉬운 문제를 어렵고 질질 끄는 문제로 만들 수도 있다. 대부분 사람들이 상대적으로 쉽다고 알고 있는 다음 문제를 보자. 주의집중을 방해하는 요소(예: 티브이가 켜져 있거나, 방에 다른 사람들이 말하고 있는)가 있는 곳에서 가능한 빨리 풀고 완료하기까지 걸린 시간을 기록하라.

24	76	43	16	47
×5	-9	+8	×4	-8

364	568	44	281	26
× 4	+23	-36	× 9	+3

걸린 시간: ______________________________

다음으로, 유사한 다음 문제들을 주의집중을 방해하는 요소가 없는 곳에서 풀어라. 휴대폰이나 주의를 산만하게 할 어떤 전자기구도 꺼라. 편안하게 조용한 방에 앉아 있는다. 방해가 없는 가운데 문제를 끝마치고 걸린 시간을 기록한다.

27	72	36	41	97
×4	-7	+9	×2	-6

234	962	14	108	33
× 8	+15	- 1	× 6	+8

걸린 시간: ______________________________

아마 두 번째 문제들이 완료하는데 시간이 적게 걸렸음을 확인할 수 있을 것이다. 첫 번째 문제는 과제에 완전히 집중하지 못한 탓으로 실수조차 했을 수도 있다. 이 과제는 불과 몇 개의 문제로 이루어졌지만. 훨씬 더 많은 문제를 해야 한다고 상상해보라. 문제수가 많을수록 더 많은 실수가 나오고 푸는데 더 긴 시간을 사용해야 한다. 이 책의 독자 대부분이 길고 어려운 문제를 다루는 방법을 배우길 바라고 있지만, 보다 단순한 문제를 빠르고 정확하게 푸는 능력의 중요성을 간과하기 쉽다. 살면서 우리는 매일 수많은 간단한 문제와(덧붙여 몇 가지 도전적인 것도) 마주친다. 때로는 우리가 해야 할 집중을 하지 않았기 때문에, 쉬운 과제를 하는데 실제로 필요한 시간보다 더 많은 시간을 소모한다. 그랬다면 우리는 주의를 집중하지 않았기 때문에 그 일을 완전하게 또는 정확하게 못한 것이다. 주의 분산을 최소화하는 것이, 문제가 단순할 때조차, 정확성과 효율을 높인다.

많은 사람이 주의를 분산하는 대신 약간의 주의분산이 실제로 집중하는데 도움이 된다고 주장한다. 예를 들어, 작업을 완수하면서 음악을 듣는 것이 보통이다. 이것이 주의집중을 방해하게 하기보다 도움을 주는 것처럼 보이는 이유가 있다. 음악이 마음을 차분하게 하고 진정시켜주어, 불안을 완화해 줄 수도 있다. 제 4장에서 논의한 바와 같이, 불안은 문제해결을 방해한다. 그래서 음악을 이용하는 것이 불안을 감소하는 기법으로 도움이 될 수 있다. 그렇지만, 동시에 음악은 주의집중을 산만하게 할 수도 있다. 특히, 가사가 있거나 기억하기 쉬운 경우라면("난 이 노래가 좋아!") 더 그렇다. 만일 음악이 도움이 된다고 생각하면, 기악곡을 듣기를 권한다. 멜로디는 과하게 주의를 분산시키지 않고 차분하게 해줄 것이며 자신이 제어하지 못하는 다른 산만한 소리를 가려줄 것이다(예: 밖에서 하는 공사나 다른 곳에서 나는 잡음).

요컨대, 완료할 과제가 크거나, 작거나, 도전적이거나, 쉽거나 간에, 주의집중 방해를 가능한 한 최소로 하라! 간단한 수학문제 해결활동에서 보았듯이, 주의집중 방해를 최소화하면 과제를 더욱 빠르고 정확하게 완수하는데 도움이 된다. 다음 절에서는, 일단 외적인 주의분산을 최소화 했을 때 주의를 집중하는 방법을 입증할 것이다. 여기 여전히 간단하지만 앞에서 했던 단순한 덧셈과 뺄셈문제에서 한 단계 올라선 수학문제가 둘 있다. 첫 번째 문제는 주의를 산만하게 하는 소리가 나는 배경에서 하고 두 번째 문제는 주의 분산이 없는 곳에서 해 보아라.

어떤 군대가 적군 병사 6명에 대하여 5명의 병사를 가지고 있다. 전투를 하면서, 그 군대는 병사 14,000명을 잃었고 적군은 병사 6,000명을 잃었다. 그 결과 병사의 비가 2:3이 되었다. 전투가 끝났을 때 부대에 남은 병사는 각각 얼마인가?[1]

학교에 걸어가면서, 창수는 일분에 210걸음씩 걸었다. 한 걸음은 45cm이다. 창수의 걸음 속도는 얼마인가?[2]

명상하기: 다중작업 멈추기, 그리고 한 번에 한 과제 집중하기

명상에 대하여 많이 들어보았을 것이다. 명상은 한 번에 한 가지 일에만 주의를 집중하는 것이고 지금 이 순간에 집중하는 것이다. 명상을 효과적으로 실행하려면, 티브이를 끈다든지 휴대폰을 다른 방에 두는 것과 같이(앞 절에서 말한 것처럼), 먼저 외적인 주의분산요소를 제거하는 것이 좋다. 그렇지만, 많은 사람들이 주의분산요소를 최소로 해도 주의를 집중하는 것이 극히 어려운 일이라고 한다. 이것은 생각이나 감정 같은 내적인 분산요소가 특히 지금 가까이 있는 과제에 대한 주의집중을 방해할 수도 있기 때문이다.

여러분은 아마 일을 마치면서 "오늘 저녁에 뭘 먹을까?" 혹은 "아, 내일 직장에서 있을 미팅이 방금 생각났어. 끔찍하네!"라는 생각을 해본 적이 있을 것이다. 거기서부터, 다음 일어날 일에 대한 불안

---

[1] 답은 각각 36,000명과 54,000명.

[2] 답은 시속 5,670m 또는 시속 5.67km.

혹은 기대에 대한 느낌을 경험했을 것이고, 원래 목표는 보고서나 발표자료를 완성하는 것인데, 그것을 알기 전에, 저녁식사 메뉴나 또는 일할 때 제기되는 특정 문제를 어떻게 토론할 것인지에 대한 계획으로 15분을 보냈을 수도 있다. 이것은 우리의 생각이 현재 순간 주의집중을 방해하는 한 예이다.

이러한 이유로, 명상을 실행하는 중요한 요소는 주의를 집중하지 못하는 자신을 주시하는 것이다. 만일 그날 일어났던 일이나 다음에 일어날 일에 대한 생각 등 외적 자극에 의해 주의집중을 방해받고 있다면, 그 순간 자신의 목표로 초점이 돌아오도록 하라. 반복해서 주의를 되돌아오도록 하는 것이 명상능력을 얻는데 크게 도움이 된다. 처음에는 이것이 매우 어려워 보이지만, 자꾸 연습하면 점차 쉬워진다. 주의를 돌리려는 자신을 돕도록, "좋아, 일로 돌아오자," 또는 간단히 "집중하라!"와 같이, 혼자 되풀이 사용할 수 있는 기도문을 생각할 수도 있다.

외적인 주의방해요소를 최소화하고 생각을 자신의 목표로 되돌리는데 더욱 효과를 보려면 여러 일을 동시에 하지 않는 것도 중요하다. 때로는 끝내야 할 일이 하나만이 아니라 짧은 기간에 여러 과제이거나 많은 요소로 이루어진 복잡한 과제일 수도 있다. 많은 사람이 자신은 동시에 여러 과제를 할 수 있는 전문가라고 생각하지만, 동시에 여러 과제를 하면 더 많은 실수가 나오고, 한 번에 한 과제(또는 과제의 일부)에 주의를 집중해서 할 때보다 훨씬 느리게 과제를 수행하게 되는 것이 사실이다. 자신이 해야 할 일 목록에 항목이 많이 적혀 있다면, 목록에 우선순위를 매기고 한 번에 한 가지씩 처리하는 것이 가장 효과적이다. 과제에서 과제로 뛰어다니면 주의가 분산될 위험에 처하게 되고, 한 번에 한 과제에 집중하는 것과 비교할 때 자신이 할 수 있는 만큼 충분히 완성할 수 없게 된다. 예를 들어, 하루에 해야 할 일 목록의 일부가 다음과 같다면:

오늘 해야 할 것:

- 보고서 작성
- 세탁물 처리
- 식기 세척
- 고양이 깔개 교환

작성하는데 몇 시간 걸릴 듯한 보고서를 시작하기 전에 세탁물을 던져놓는 것이 훨씬 효율적이라고 결정할 수도 있다. 그렇지만, 일단 보고서작성을 시작하면, 될 수 있는 한 중단하지 않고 최선을 다하도록 확보해야 한다. 물론, 때로는 불가피하게 중단할 수도 있다. 전화가 오거나, 예기치 못한 손님이 오거나, 밖에서 작업하는 소리가 집중을 어렵게 할 수도 있다. 앞에서 말한 것처럼, 작업을 시작하기 전에 할 수 있는 모든 일을 해서 자신을 통제하라. 주의방해가 없는 조용한 방을 찾아라. 전화기를 다른 방에 두든지 꺼 놓아라.

그렇지만, 많은 사람들이 피할 수 있을 만한 주의분산과 방해에 피해를 받고 있다. 과제를 수행하다가 방 한쪽 구석이 더러운 것을 보고, 아, 저걸 당장 빨리 치워야겠네, 라는 생각을 할 수도 있다. 또는 그날 하려고 했던 다른 일을 기억하고는 재빨리 태도를 바꾸어 새롭게 기억난 과제에 집중한다. 만일 중요한 프로젝트를 하면서 다른 일이 생각난다면, 그 일 때문에 하던 작업을 중단하는 대신 즉시 빠른 노트를 작성하라(물론, 그 일이 응급사항이 아닌 한). 특정 문제를 하는데 사용할 시간을 스스로 설정해 놓아라. 자신이 주어진 시간 동안만 작업할 수 있다는 생각을 하면 집중을 유지하는데 도움이 된다. 그렇지 않으면, 생산적인 꾸물거림 같은 일을 해서 작업의 시작을 미룰 수도 있다. 이것은 중요한 과제를 완성했을 때, 그리고 동시에 "해야 할 일" 목록에 있을 때 그러지만, 그러나 우선순위가 앞선 프로젝트와 경쟁해서 시작해서는 안 된다.

마찬가지로, 과제를 하거나 문제를 풀 때는, 다음으로 옮겨가기 전에 문제의 한 측면에 집중하라. 새로운 과제로 바꿀 때마다, 우리의 뇌와 신체는 이동에 적응하는데 얼마간 시간이 소요된다. 이런 일이 빈번하게 일어나게 되면, 결국 많은 시간을 낭비하게 된다. 예를 들어, 여러 절로(예: 이전 매출, 사업성장의 새로운 기회, 차후 매출 개선 방안) 구성된 보고서를 작성한다고 하면, 보고서 안에서 이곳저곳 작성하지 말고 한 번에 한 절에 대해 작성한다. 이전 매출에서 차후 매출로 전환하지 말라. 그리고 이전 매출에 대한 작업을 마치기 전에 기회를 다루지 말라. 그대로 계속하면서 다른 영역으로 전환하기 전에 해내기를 얼마나 원했는가 자신에게 목표를 제시하라. 마찬가지로, 집안일을 하면서 청소에 집중한다면, 이 방에서 저 방으로 옮겨 다니지 말라. 한 방에서 시작하면 다음 방으로 옮기기 전에 그 방을 가장 효과적으로 깨끗하게 할 방법에 집중하라. 일단 뇌가 하나의 사고방식에 자리 잡으면, 작업의 흐름에 지장을 주기보다는 동일과제에 계속 머무르는 것이 훨씬 효율적이다.

효과적으로 뇌가 동일한 사고방식을 유지하고 너무 자주 태도를 바꾸지 않도록 하려면, 하고자 하는 일들의 목록을 만들어두는 것이 좋다. 이것은 큰 과제를 잘게 나누는 것이 질릴 정도로 벅차 보이는 과제를 어떻게 잘 정리하게 해주고 완수할 수 있다는 느낌이 더욱 들도록 하는지 보여주는 또 다른 예이다. 집을 정리할 때 준비할 수 있는 단계별 목록의 예이다.

정리과제

- 주방
  - 모든 쓰레기 버리기
  - 식품 등을 제자리에 보관하기
  - 조리대와 식탁 닦기
  - 마루 쓸기
  - 걸레질하기
- 거실
  - 거실에 있지 않아야 될 물건 치우기(예: 외투, 책, 가방)
  - 탁자 닦기
  - 가구 먼지 털기
  - 바닥 진공청소기 하기

효과적으로 과제를 완수하려면, 한 번에 한 단계씩, 앞 단계를 완수할 때까지 다음 단계에 시선을 주지 않아야 한다. 한 번에 한 단계씩 하는 이 전략을 적용해야 하는 수학문제를 예로 보자. 고등학교 기하문제이다.

그림 5.1에서와 같이, 주어진 원 O에서 $\overline{AB}$와 $\overline{CD}$는 수직이다. 원의 지름을 a, b, c, d로 나타내어라.

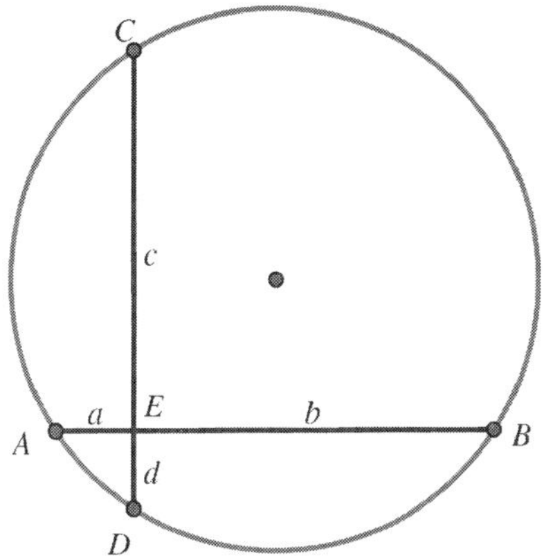

‖ 그림 5.1 ‖

풀이 수직 관계가 주어졌으므로 피타고라스 정리를 이용하려는 것이 당연하다. 닮은 성질도 사용될 것이다. 그렇지만, 이렇게 접근하면 지름이 논외로 남게 되어, 좌절하게 될 수도 있다. 이 문제를 단계별로 진행해보자.

1. 이 문제의 첫 단계는 $\angle CEB$와 호$\widehat{CB}$의 원주각과 호$\widehat{AD}$의 원주각과의 관계를 생각하는 것이다. 일단 관계식 $m\angle CEB = m\widehat{CB} + m\widehat{AD}$이 성립하면, $m\widehat{CB} + m\widehat{AD} = 90°$ 임은 분명하다.

2. 다음으로 그림 5.2에 보인 두 직각삼각형 $\triangle CEB$와 $\triangle AED$을 생각하고 각각에 피타고라스 정리를 적용한다. 그러면 $m^2 = c^2 + b^2$, 즉 $m = \sqrt{c^2 + b^2}$ 이고, $n^2 = a^2 + d^2$, 즉 $n = \sqrt{a^2 + d^2}$ 이다.

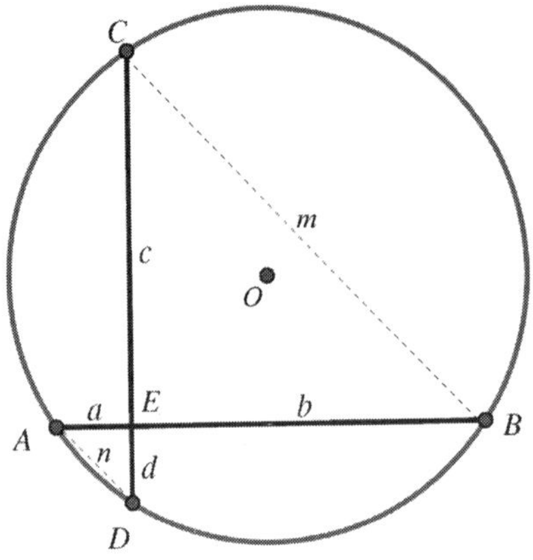

‖ 그림 5.2 ‖

3. 이제 보통과 약간 다른 일을 하는데, 이 문제를 푸는데 도움이 되는 단순하지만 비슷한 문제를(일반성을 잃지 않고) 만든다. 그림 5.3에서 보듯 호 $\widehat{AD}$를 원을 따라 이동하여 끝점 A를 호 $\widehat{CB}$의 끝점 C와 일치하도록 한다.

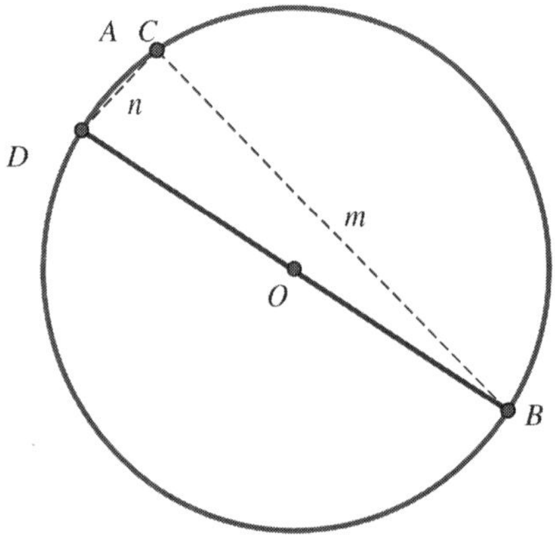

‖ 그림 5.3 ‖

4. $m\widehat{CB} + m\widehat{AD} = 90°$ 이므로 $\overline{DB}$는 원O의 지름이고, $\angle DAB$는 반원에 내접하므로, $\angle DAB$는 직각이다. 그러므로 지름 $BD = \sqrt{m^2 + n^2}$ 인데, 이것은 위 등식에서 $\sqrt{(c^2 + b^2) + (a^2 + d^2)} = \sqrt{a^2 + b^2 + c^2 + d^2}$ 이다.

그러므로, 간단히 진술한 문제가 원에서 각의 크기에 결정되는 놀라운 해법을 가진 것인데, 구체적으로, 원에서 교차하는 두 현으로 형성되는 각으로서, 거기에서 가로지르는 두 호의 원주각의 합과 같다는 것이다. 또 현의 위치를 일반성을 잃지 않고 더 유용한 위치로 이동하여 더 수월하게 해결할 수 있는 문제로 만든다는 것을 알아보는 것도 중요하다. 더 중요한 것은, 한 번에 한 단계씩 체계적으로 하면서 다음 단계로 가야한다는 것이다.

개인적 판단을 피하는 평가 — 문제의 사실 고수하기

명상하기의 또 다른 요소는 정보를 모으고 정보를 개인적 판단을 피해서 평가하는 것이다. 처음에는, 이것이 문제해결과 관계없는 것처럼 보인다. 결국, 문제를 해결하는 것과 관련되는 문제와 해법에 대한 우리의 견해와 판단이 무엇인가? 견해와 판단이 우리의 생각을 흐리게 하고 문제해결 능력을 방해하는 것으로 드러났다. 게다가, 우리 자신의 견해를 부여했을 때 문제의 목표와 변수로부터 벗어날 수 있다.

먼저, 비판적임이 무엇을 의미하는지 설명하겠다. 우리가 **비판적**(judgmental)이라는 용어를 쓸 때는, 사물에 대한 가치를 정하거나 또는 해석을 부과하는 언어를 실제로 사용하는 것을 의미한다. 예를 들어,

아이디어가 "좋다"라거나 "나쁘다"라고 하는 것은 다른 사람은 그 설명에 동의하지 않을 수도 있기 때문에 판단이다. 마찬가지로, 어떤 문제를 "풀기 어렵다"거나 "공정하지 못하다"거나 "의미 없다"라고 말하는 것도 판단이다. 자신이나 다른 사람을 "바보","인색한 사람"이라고 부르거나 혹은 화가 났을 때 쓸 수 있는 다른 말들은 더 자명한 비판이다. 비판은 흔히 문제해결 능력을 급격하게 저해하는 분노와 불안과 같은 부정적인 감정을 일으키기 때문에 문제가 된다 (제4장을 보라). 과제에 대하여 지나치게 감정적이 되는 것은 집중하는 데 결코 도움이 되지 못하고 보통 목적에 반대되는 쪽으로 작용한다. 비판이 실제로 문제해결을 위해 해야 할 방법의 논리적 다음 단계를 제시하는 일은 거의 없다. 예를 들어, 어떤 문제를 보고 "의미 없어"라고 말하면, 분노와 불안을 느끼기 쉽고 자신과 문제 사이에 벽을 만들며, 문제와 씨름하고 싶은 욕망을 저하시킨다. 선생님, 교수님, 혹은 사장님이 "인색하다"거나 "공정하지 않다"라고 생각하면, 분노의 수준도 증가해서 문제를 해결할 수 있는 방안을 만들어내지 못한다. 이 책이 문제를 해결하는 심리학적 전략을 활용하는 능력에 관하여 말하고 있음을 기억하라. 대개, 비판적 언어를 사용하면 문제를 해결하고 있는 것이 아니라 불평을 하고 있는 것이다.

그러면, 대신 무슨 말을 해야 할까? 개인적인 판단을 피해서 다시 말하는 것은 도전이 될 수 있다. 그렇지만, 그렇게 하면 엄청나게 유익하다. 비판과 대조적으로 개인적 판단을 피하는 말을 사용하면 분노와 불안 같은 부정적 감정을 줄일 수 있다. 문제가 "의미가 없다"라고 말하는 대신, 사실에 충실한 방식으로 문제를 규정해 보고 직면한 어려움이 어디에 있는지 서술하라. “이 문제를 해결하려면 무얼 해야 할지 또 어디서 시작해야 할지 모르겠다”라고 말하는 대신, 그 다음 논리적 단계를 제시해서 자신이 해야 할 일을 이해할 수 있도록 설명해줄 수 있는 사람을 찾아라. 교수님은 “인색하고 공정하지 않다”라고 말하는 대신, 상황에 대한 자신의 생각과 감정을, “교수님이 이메일에 답도 안 해시주고, 예고 없이 쪽지시험을 치르니 화가 날만해”라는 말로 진정시켜라. 지금 실질적인 해법을 얻을 방법이 생겼다! 면담시간에 찾아가 질문하고 쪽지시험에 대비할 학습계획을 세우자. 자신에게 문제가 되는 것이 교수님의 태도라면 어떻게 해서든 지지하는 학생그룹을 만들어 서로 불평하도록 하라. 그것이 이메일이나 쪽지시험(또는 교수의 그 문제에 대한 태도) 문제를 해결해 주지 않는다는 것을 잊지 말아야 하지만, 조금 더 화합적인 느낌을 갖게 되고 과정을 이해하게 된다.

시작하는데 도움이 되도록 개인적 판단을 피하는 언어를 사용하여 표현하는 방법의 예로 흔히 하는 비판적 진술을 아래에 제시하였다. 개인적 판단을 피하는 진술을 만들 때는 해법에 도달하는데 도움이 되도록 사실에 충실하거나, 시작할 계획을 세우는데 도움이 되도록 하는 것이 요령임을 명심해야 한다.

비판적 서술	개인적 판단을 피해서 바꾸어 하는 서술
그 사람은 (부정적 형용사를 사용하는 표현).	그 사람이 (서술한 행동) 하기 때문에 싫어한다.
이 문제는 너무 어렵다.	이 문제를 해결하려면 해야 할일이 무엇인지 모르겠다.
이 문제는 여기 있는 나머지 문제보다 어렵다.	이 문제에는 다른 문제 보다 더 많은 요소가 있다고 본다.
내가 정말 멍청하다.	틀린 답을 한 내 자신에 대해 속상하다 / 짜증난다 / 화가 난다.
나는 결코 끝내지 못할 거야.	이것이 예상보다 더 오래 걸릴 것 같은 생각이 들어 어쩔 줄 모르겠네.
이것은 우스꽝스러울 거야 /가치가 없을 거야!	이것의 목적을 이해할 수 없네.
나는 결코 얻어내지 못할 거야.	해보고 안 되기를 반복하면 내 자신에 대해 좌절할거야.
이것 정말 짜증나네.	이 일을 마쳐야 하는 것이 짜증나네.

다음 예는, 문제가 매우 좌절감을 주는 듯 보이지만, 단계적으로 착실히 살펴보면 너무 과한 어려움 없이 풀 수 있다.

> 선거에서 승리하려면 맥스는 투표수의 3/4의 득표가 필요하다. 투표지의 2/3을 개표했을 때, 맥스는 승리에 필요한 득표수의 5/6를 득표했다. 그가 승리하려면 남은 투표수의 얼마가 더 필요한가?

자신이 문제를 해결하는 것을 중요하게 생각한다는 생각을 주시하라. 때로는 문제를 서술하는 것에서 혼란스럽고 좌절하는 생각이 들 수도 있다. 그렇지만, 그렇게 서술해야 하는 판단을 바꾸어 표현해 보면 문제를 공략하는데 도움이 된다. "이 문제는 너무 혼란스럽고 복잡해"라고 생각하는 대신, 자신에게 "단계적으로 하면 훨씬 더 쉽게 풀 수 있을 거야"라고 말한다.

V를 투표수라고 하자. 문제의 서술에 혼란스럽고 좌절할 수도 있다. 그렇지만, 단계적 과정을 사용하여 쉽게 풀 수 있다. 2/3를 개표한 다음, 이것을 $\frac{2}{3}V$로 나타내고, 맥스가 승리하는데 필요한 득표수, 이것은 $\frac{3}{4}V$인데, 이것의 $\frac{5}{6}$를 득표했다고 했다. 그러므로, 그가 현재 득표한 것은 $\frac{5}{6}\left(\frac{3}{4}V\right)$, 곧 $\frac{5}{8}V$이다. 그가 승리하려면 $\frac{3}{4}V$가 필요하므로, 아직 더 필요한 것은 $\frac{3}{4}V-\frac{5}{8}V=\frac{1}{8}V$이다. 그런데, 아직 투표수의 $\frac{1}{3}$을 개표하지 않았다. 그러므로, $\frac{1}{8}V/\frac{1}{3}V=\frac{3}{8}$이므로, 맥스가 선거에서 승리하기 위해 필요한 득표수는 남은 투표수의 $\frac{3}{8}$이 더 필요하다. 인내심을 가지고 단계적으로 해가면 승리한다.

작동기억을 증강하는 전략

주의를 집중하는 능력에 더하여, 사람들은 기억용량을 늘이고 싶어 한다. 그렇지만, 정보를 기억하는 용량을 늘이는 것은 기억이 **감각기억**

(sensory memory), **작동기억**(working memory, 단기기억short term memory이라고도 한다). 그리고 **장기기억**(long term memory)의 3개 하위유형으로 이루어져 있기에 복합적이다, 감각기억은 불과 몇 초 동안 지속되는데 소리를 듣거나 문서의 단어를 보는 것과 같은 우리의 감각에서 얻은 정보로 구성된다. 우리는 감각기억에 들어오는 많은 정보를 처리하지 않고 있다. 그렇지만, 감각기억에서 얻은 정보를 처리할 때, 그것은 작동기억으로 들어오는데, 작동기억은 그 폭이 수초에서 일분에 이른다. 작동기억에 있는 정보를 계속해서 처리하면 그것은 장기기억으로 통합되어 필요할 때 사용하는데 장기기억은 용량이 무한하고 한없이 지속될 수 있다. 정보가 어떻게든 기억 저장소를 떠나면, 그것을 **망각**(forgetting)이라고 한다. 작동기억을 강화하는 것이 중요한데, 왜냐하면 문제해결에서 중요한 역할을 하기 때문이다. 정보를 부정확하게 기억하거나 망각하면 실수를 저지르거나 문제에서 완전히 배제될 수도 있다.

사람들이 기억력이 약하거나 빈번하게 정보를 잊어버린다고 불평을 할 때는 대부분 작동기억과 장기기억 사이에 정보의 통합에 대하여 말하고 있는 것이다. 예를 들어, 키를 어딘가 새 장소에 두었다가 몇 시간 뒤에 키를 둔 정확한 장소를 기억하지 못한다. 그런데, 사람이 정보를 "망각"하는 이유는 몇 가지가 있다.

사람들이 정보를 기억하지 못하는 이유 중 하나는 처음 장소에서 자극을 실제로 적절하게 처리하지 않아서이다. 이런 경우라면, 정보가 처음부터 감각기억에 들어온 적이 없거나 또는 정보가 감각기억에 들어왔어도, 처리되지 않아서 작동기억으로 이동할 기회가 없던 것이다. 이것은 사람들이 다른 외적 또는 내적인 자극에 주의가 분산될 때 흔히 일어난다. 외적인 자극의 예(앞 절에서 말한)란 뒤에 켜져 있는 텔레비전이나 대화하면서 휴대폰으로 메시지를 주고받는 것과 같은 주의분산일 수 있다. 인기 있는 최신 앱으로 게임을 하거나 친구와 휴대폰 메시지를 주고받으며 하는 대화에서 많은 것을 기억할 수 있을 거라고 생각하지 말라. 내적인 자극에는 생각과 신체의 느낌이 포함된다. 때때로 우리가 대화나 강의에 주의를 기울이는 것 같지만, 우리 뇌는 다른 생각(예: 점심 먹을 때가 되었나? 또는 다음에 해야 할 일이 무척 많은데…)에 사로잡혀 있다. 요약하면, 우리가 정보에 첫 번째로 주의를 기울이기 않는다면 후에 기억하기 어렵다. 앞 절의 주의집중을 유지하는 전략들을 참조해서 문제해결에 필수적인 정보처리를 하도록 한다.

더 기억하라

사람들이 흔히 정보를 망각하는 또 다른 이유는 작동기억에 너무 많은 정보를 담아두려고 하는 것이다. 작동기억용량은 고작 정보 7(±2) 조각이며 잘해야 일분 정도 지속한다. 그러므로 만일 15자리 숫자를 기억하려고 하면, 6자리 숫자를 작동기억 속에 간직하여 기억하고 회상하는 것보다 훨씬 더 어려움을 겪어야 한다. 이처럼 한정된 작동기억 용량으로는 길게 끄는 문제를 완수할 수 없다. 그렇지만, 비법을 써서 자신의 뇌가 정보 7(±2)조각 이상을 기억하도록 할 수 있다.

뇌가 정보를 기억하도록 하는 비법의 하나는 정보덩어리를 더 잘 기억할 수 있는 조각으로 만드는 것이다. 흔히 생각 없이 이 방법을 사용하고 있다. 사람들이 정보덩어리를 기억하는 가장 흔한 방법은 전화번호를 기억하는 방법이다. 전화번호 8–2–1–5–5–5–6–2–9–7(10자리)을, 단순히 각 숫자를 차례로 외우려고 하면, 기억하기가 어렵다. 그러나 대부분 전화번호는 덩어리로 나누어진다: (821)–555–6297. 지역번호(예: 여기서는 821)는 보통 지역을 나타내므로 정보 "한 덩어리"로 기억하기 쉽다. 그다음 숫자들은 어쩌면 기억하기가 더 어려울 수도 있다. 그래서 마지막 숫자 4개를 더 쉽게 기억할 수 있는, 62와 97로 나눈다. 그러면, (821)–5–5–5–62–97을 기억해야 하는데, 이것은 정보 덩어리가 6개다.

특정한 형식의 덩어리 짓기를 두문자어(acronyms)와 암기법(mnemonics)을 사용해서 할 수 있다. 두문자어는 핵심 단어의 첫 글자를 사용하여 더 기억하기 쉬운 다른 단어를 만들어 정보를 기억하는데 도움을 준다. 암기법은 더 쉽게 정보검색을 할 수 있게 하는 문자의 패턴이나, 아이디어 또는 연관성을 이용한다. 이런 전략을 사용하면 많은 양의 정보를 쉽게 암기하는데 믿을 수 없을 만큼 도움이 된다. 예를 들면, 신경학을 배우는 학생은 12개의 뇌신경을 순서대로 외어야 한다[3]. 이 분야에 관심 있을 수도 있지만, 신경 이름들은 다음과 같다.

---

[3] 역자 주: 이 책에 소개된 두문자어를 사용한 암기법의 예들은 영어를 사용한 것이어서, 바로 사용할 수 있는 것은 아니라고 생각한다. 그러나 방법은 우리말에도 그대로 적용하여 사용할 수 있다.

1. 후신경(olfactory)
2. 시신경(optic)
3. 동안신경(oculomotor)
4. 활차신경(trochlear)
5. 삼차신경(trigeminal)
6. 외전신경(abducens)
7. 안면신경(facial)
8. 청신경(auditory 또는 내이신경 vestibulocochlear)
9. 설인신경(glossopharyngeal)
10. 미주신경(vagus)
11. 척추부신경(spinal accessory)
12. 설하신경(hypoglossal)

이름들이 복잡할 뿐 아니라 발음하기도 힘들지만, 이들을 순서대로 기억하기는 더욱 어렵다. 영리한 학생들이 암기법을 만들어냈다. Ooh, ooh, ooh, to touch and feel very good velvet, Such heaven! 이 암기법은 복잡한 뇌신경이름을 기억하는 데는 도움이 안 되지만, 각 신경 이름의 첫 문자를 사용한 문장이기 때문에 쉽게 기억할 수 있고 시험 때 참조할 수 있다.

수학에도 학생들이 특정한 절차를 암기하는데 사용할 수 있는 몇 가지 암기법과 두문자어가 있다. 예를 들면, **FOIL**은 두 이항식을 곱하는 법을 암기할 때 이용한다. **FOIL**은 곱셈 $(a+b)(c+d)=ac+ad+bc+bd$을 할 때, **First–Outer–Inner–Later**(바깥쪽 먼저, 안쪽 나중에)를 나타낸다.

여기 문제해결 절차를 기억하는데 도움이 될 그런 두문자어를 몇 개 소개한다.

> 수식에서 연산하는 순서: BIDMAS -- Brackets(괄호), Indices(지수), Divide(나누기), Multiply(곱하기), Add(더하기), Subtract(빼기).
>
> 삼각함수의 정의: SohCahToa -- Soh는 사인(Sine)이 높이(opposite) 나누기 빗변(hypotenuse)임을, Cah는 코사인(Cosine)이 밑변(adjacent) 나누기 빗변(hypotenuse)임을, Toa는 탄젠트(Tangent)가 높이(opposite) 나누기 밑변(adjacent)임을 나타낸다.

정보 기록하기

사람들이 자주 망각하는 세 번째 이유는 정보를 접한 다음 처리할 때까지 너무 오래 기다리기 때문이다. 만일 남은 음식을 다음날 아침 직장에 가져갈 것을 기억하려고 한다면, 그 일을 전날 밤에 생각하는 것은 도움이 되지 않는다. 단순히 너무 많은 시간이 지나서 정보가 작동기억을 떠나버린다. 이런 일은 서술이 긴 문제에서도 일어날 수 있다. 문제 읽기를 끝냈을 때 문제 시작할 때 제시된 정보를 간신히 기억할 수도 있다. 정보가 작동기억에 들어왔지만 그 다음에 더 많은 정보가 들어오고, 그것을 처리하고 모두 기억하기에 너무 많은 시간이 지났다.

이런 이유로, 쓸모 있는 정보를 기록하는 것이 도움이 되고, 때로는 필요하다. 이것이 관련 정보를 망각하지 않게 보장해 준다. 예를 들어, 다음 문장제를 보면 문제가 묻는 것을 기억하려면 정보를 기록하는 것이 도움이 되는 것을 알 것이다.

자료를 단계적으로 기록하는 것이 도움이 되는 예가 있다.

> 머리 길이가 7인치인 물고기가 있다. 꼬리 길이는 머리 길이와 몸통길이의 절반을 합한 것과 같다. 몸통길이는 머리길이와 꼬리길이의 합과 같다. 이 물고기 전체 길이는 얼마인가?

문제를 풀기 위해서는 한 번에 하나씩 제시되는 정보조각들을 다음과 같이 기록할 필요가 있다.

> 물고기 꼬리의 길이를 t라고 하고, 몸통의 길이를 b라고 하자. 그러면 물고기 꼬리 길이는 $t=7+\frac{1}{2}b$이고, 또 $b=7+t$ 이다. 처음 식에 b를 대입하면, $t=7+\frac{1}{2}(7+t)$이므로, $t=21$이다. 이로부터 $b=28$. 그러므로 물고기의 전체 길이는 $h+b+t=7+28+21=56$이다.

이 정보 기록하기 전략을 일상생활에 적용할 수 있다. 집에서 출발할 때 직장에 가지고 갈 물품이나 완수해야 할 과제를 기억하는데 도움이 되게 하려면, 포스트잇을 사용해 눈에 띄는 곳에 붙여둔다. 예를 들어, 직장에 남은 음식 가져갈 것을 기억하려면 포스트잇을 냉장고에 붙여둔다. 다음날 아침 식사하려고 냉장고를 열 때 그걸 보면 남은 음식 가져갈 것을 기억하게 될 것이다. 또는 매일 아침에 나가는 출입문 위에 붙여둔다(예: 물고기 밥 주었나?). 기록하지 않아도 되는 비슷한 전략은 자동차 키처럼 잊어버릴 일이 없는 최우선 순위 물건과 함께 놓아두는 것이다. 자동차 키 없이 집을 나서기란 불가능하므로 그 옆에 놓인 물건도 기억하게 될 것이다. 이러한 상기시켜주는 것들이 이전에 잊어버린 정보를 적절한 시간에 작동기억 속으로 되돌려 놓는다. 일단 그것으로 일을 마치면, 그 기억은 잊히고 새로운 정보가 우선순위를 차지한다.

약속이나 행사 같은 그날그날의 정보를 기억하려면, 일정계획표(planner)를 따르는 것이 매우 유용하다. 정보가 작동기억에서 나가버리지 않도록 입수하는 즉시 기록한다. 기록하는 것을 잊지 않도록 일정계획표를 항상 지니고 다닌다. 요즈음 첨단 기술시대에는 많은 사람들이 휴대폰에서 이런 종류의 정보를 기록하기에 유용한 캘린더나 메모앱을 사용한다. 그렇지만, 캘린더가 보이지 않으면 정보를 잊어버릴 수 있다. 그렇기 때문에 기억을 강화할 수 있는 또 다른 전략은 집이나 사무소에 책상 캘린더나 벽에 걸린 캘린더를 두는 것이다. 책상에 앉을 때나 지나갈 때마다 작동기억 속에 일관되게 정보를 유지하면서 곧 있을 행사를 상기하게 된다.

정보 이해하기

마지막으로, 때때로 사람들은 기억하려는 정보를 실제로 이해하지 않고 있는데, 이 때문에 정보를 더 쉽게 잊어버린다. 많은 사람들이 이와 관련된다. 학생이라면, 배우고 있는 정보를 이해했을 때 더 잘 기억할 수 있다는 것을 알 것이다. 그리고 선생님 말씀을 이해하지 못했을 때 나중에 그것을 기억하려고 하면 훨씬 힘들었을 것이다. 그것은 주의를 기울이지 않아서가 아니다. 정보를 이해하지 못할 때, 정보는 작동기억 저장고에서 유지하거나 재생할 수는 있지만, 장기기억으로 강화되지 못한다. 그러므로 몇 분이 지나면, 정보의 많은 부분을 망각하게 된다. 그래서 더 많이 이해할수록 더 잘 기억한다는 말이 된다. 자료를 "더 잘 이해하는" 방법은 여러 가지 있지만. 여기서는 여러 분야를 포함하는 것을 살펴보기로 한다.

정보를 잘 이해하는 한 가지 방법은 하던 일을 멈추는, 즉 학습카드를 만드는 것이다. 많은 사람이 학습카드가 공부에 도움이 되는 도구인 줄 알지만, 종종 기억 심리 강화에 도움이 된다. 이해하지 못한 것을, 특히 나중에 시험 볼 주제라면 기억하려고 해서는 안 된다. 다른 말로 질문할 가능성이 매우 크거나 아니면 기억했던 정의의 일부를 망각할 수도 있다. 외우는 것이 장점도 있지만, 어떤 의미를 만들면 정보가 더 잘 기억된다. 이제 그렇게 하는 몇 가지 방법을 논의해 보자.

학습카드를 만들거나 메모 기록하기를 하는 대신, 기억하고자 하는 정보구성도를 생각해 보자. 이것은 중요한 행사의 일정표가 될 수도 있고, 인체도표 혹은 라벨이 붙은 방, 정보들이 더 작은 부분정보로 갈라지는 정보트리가 될 수도 있다. 정보구성도는 여러 이유로 효과가 있다. 첫째, 정보가 반복되면, 장기기억에 들어갈 가능성이 더 커진다. 다음으로, 자료가 덩어리 정보로 분류되면(앞에서 설명한 것처럼) 기억하는데 도움이 된다. 마지막으로, 정보가 그것을 조직하는 개인에게 의미있는 방식으로 조직된다.

마지막, 더 즐거운 방식으로, 주장할 수 있는 제시된 정보를 기억하고 의미를 부여하는 것은 정보를 즐거운 포맷으로 제시하거나 조직하는 것이다. 초등학교 시절 배웠던 미국 50개주 이름을 외우는 노래를 기억할 것이다. 좀 더 최근에는, 원소주기율표를 외우는 원소기호송이 있고, 미국 대통령들을 쉽게 외우는 스토리가 있다.

정보를 얼마나 잘 이해했는지 평가하는 한 가지 방법은 물론, 시험을 보는 것이지만, 그 밖에 누군가에게 그 자료를 가르치는 것이다. 자료를 가르칠 수 있는 능력은 시험에서 질문에 답하는 것보다 더 철저한 정보 이해수준을 보여준다. 가르치려는 주제를 그에 대한 전문적 또는 기술적인 용어를 모르는 사람에게 설명해 보아라. 만일 그들에게 그 개념을 이해시킬 수 있다면, 자신이 바로 그 자료에 통달했음을 알게 된다.

우리가 논의했던 기억술을 모두 사용해서 문장제를 하나 풀어보자. 문제를 해결하려면 정보를 도표로 나타내거나 또는 더 다루기 쉬운 덩어리로 나누고, 그것을 기록하고, 문제의 목표를 이해할 필요가 있다.

풀어볼 문제는:

> 캠프 엘우드 단위대에 소속된 걸스카우트 대원 40명 중에서, 14명이 호수에 빠졌고, 13명이 덩굴옻나무에 걸리고, 16명이 하이킹에서 길을 잃었다. 이들 중 3명이 덩굴옻나무에도 걸리고 호수에도 빠졌고, 5명이 호수에도 빠지고 길도 잃었으며, 8명은 덩굴옻나무에도 걸리고 길도 잃었다. 그들 가운데 2명은 세 가지 불행을 모두 겪었다. 이 단위대에서 세 가지 불행에서 모두 벗어난 걸스카우트 대원은 몇 명인가?

이제 해법을 생각해보면, 주어진 정보를 모두 살펴보고 논리적으로 정리한다. 전통적으로, 대부분 이 문제는 시작하면서 주어진 모든 경우를 더하고, 그런 다음 사람들에게 겹쳐 일어난 일을 뺀다. 이 절차가 효과적인 경우는 드물다.

이 문제를 시각적으로 나타내어 조사해보자. 그림 5.4와 같이, 자료를 원을 사용한 그림(벤 다이어그램)으로 나타낸다.

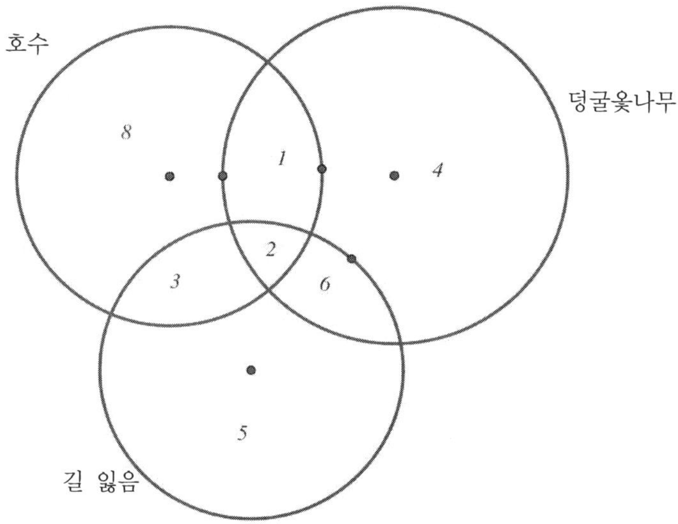

‖ 그림 5.4 ‖

세 원이 모두 겹치는 영역은 길도 잃고, 호수에도 빠지고, 덩굴옻나무에도 걸린 2명이 해당된다. 세 원이 만드는 영역을 조사하면:

호수	= 14	덩굴옻나무 + 길 잃음	= 8
호수 + 덩굴옻나무	= 3	덩굴옻나무	= 13
호수 + 길 잃음	= 5	길 잃음	= 16

합계 = 8 + 3+ 2 + 1+ 4 + 6 + 5 = 29

그래서 세 가지 불행을 하나도 겪지 않은 걸스카우트는 40−29=11명이다.

상태와 문맥의존 학습

정보를 더욱 쉽게 기억하는데 도움이 되는 마지막 전략은 똑 같은 감정상태에서 정보를 학습하고 상기하는 것이다. 슬플 때나 화날 때, 슬프거나 화났던 다른 일이 더 잘 기억나고, 행복할 때는 행복했던 다른 일이 쉽게 떠오르는 것을 경험했을 것이다. 물론, 주어진 순간에 자신의 감정상태를 선택하는 것이 항상 가능한 것이 아니다(불가능할 때도 있다). 그렇지만, 정보를 학습하고 상기하기에 효과적인 감정상태를 만드는 전략을 사용하면 도움이 된다. 제4장에서 차분하고 집중된 분위기를 만들기 위해 불안감소 전략을 사용했던 것을 생각하고 거기 정보를 학습하고 상기하자.

유사하게, 많은 사람들이 정보를 습득한 환경이나 장소가 비슷할 때 정보를 기억하기가 더 쉬웠다고 한다. 예를 들면, 시험 보는 그 교실에서(혹은 비슷한 교실) 전에 그 내용을 배웠다면 그 정보를 기억하기가 훨씬 유리하다. 이것은 환경에 있는 단서가 학습하고 회상하는 동안의 것과 비슷하기 때문인데, 그것이 두뇌 속에 연상물을 만들고, 정보를 되찾을 필요가 있을 때 기억을 자극하는데 도움을 준다. 정보가 분위기에 의존하거나 문맥에 의존한다는 점을 고려하면, 재택근무가 효율이 떨어진다는 상사의 생각이 일리 있을 수 있다. 분위기가 달라질 뿐 아니라(어색하고, 긴장이 풀리고), 환경적 단서가 완전히 달라서 통상적인 작업의 흐름을 벗어날 수 있다.

결론

끝으로, 주의집중과 강력한 작동기억은 문제해결에서 필수적인 기능이다. 한 과제에 집중을 유지할 때, 문제를 더 정확하고 효율적으로 해결할 수 있다. 마찬가지로, 작동기억 안에 정보를 유지하는 능력은 문제에서 얻은 정보를 하나라고 잊지 않도록 하는데 결정적이다. 그렇지만 많은 사람들이 문제를 조심스럽게 처리하고 필요한 세부사항을 모두 기억하려고 몸부림친다. 이렇기 때문에 주의집중을 촉진하고 작동기억을 강화하는 전략을 습득하는 것이 중요하다.

주의집중은 장기간 주의를 지속하는 능력이다. 그것은 우선 전자기구나 다른 사람과의 대화 등 환경적 주의분산을 최소화 하면 정보를 처리할 수 있다. 다음으로, 명상을 하고 다중작업을 피하면 정보를 더 확실하게 지속적으로 처리하는데 도움이 된다. 다음 과제로 이동하기 전에 자신의 주의를 환기시켜 한 번에 한 과제만 지속적으로 집중을 유지하는 데는 명상이 도움이 된다. 마지막으로, 문제를 해결하기 위하여 개인적 판단을 하지 않고, 문제의 사실을 고수하며 자신의 목표에 집중해야 문제를 해결하는 방법에 대한 명료성을 얻을 수 있다. 판단이 때때로 의사결정과정을 흐리게 하고 문제의 해법으로 향하는 효과적인 결정을 흐리게 할 수 있다.

작동기억은 처리했던 정보를 회상하는 능력으로 단기기억에 저장된다. 많은 사람들이 자신의 단기기억과 관련된 문제로 불평하지만, 때로는 그들이 "망각했다"는 정보가 애당초 처리된 것이 아니다. 그러므로 작동기억을 강화하는데 더하여 주의집중을 증가시키는 전략을 확실하게 사용하는 것이 중요하다. 정보 기억을 돕는 전략에는 정보를 작은 덩어리로 나누는 것과 정보를 단순화하는 또 다른 형태인 두문자어나 암기법 만들기가 있다. 특히, 기억해야 할 정보의 양이 크다고 생각되면 확실히 망각하지 않도록 중요한 정보를 기록하는 것도 중요하다. 새 자료를 학습할 때 장기기억에 더 잘 저장되도록 보장하려면 가르치고 있는 내용을 이해하는 것이 중요하다. 이에 반하여 작동기억에는 기억된 자료가 유지된다. 마지막 기억술 전략은 정보를 학습하고 상기하는 것을 똑 같은 분위기와 환경에서 내적 외적 단서의 유사성을 증가시키면서 하면, 배우는 정보와 자신이 있는 분위기와 장소 사이의 연관성을 비슷하게 만든다. 주의집중과 기억에 대한 전략은 문제해결기법에 대한 자신의 무기에 추가하면 이로운 도구가 될 수 있지만, 그것들은 이 책의 다른 전략과 마찬가지로, 검토한 다른 기법들과 함께 사용해야 한다는 것도 잊지 말아야 한다.

CHAPTER

06

The Psychology of Problem Solving

순방향 사고와 역방향 사고: 직관적 사고와 신중한 사고

"경험이 최고의 교사." 기술을 익히거나 새 정보를 얻는 가장 좋은 방법이 경험이라는 이 옛말을 대부분 기꺼이 받아들인다. 문제해결에 능숙해지고 싶다면, 할 수 있는 한 다양하게 많은 문제를 풀어보아라. 풀고, 풀고, 또 풀어라! 그렇지만 그게 그렇게 간단한 일은 아니다. 성공하지 못하는 경험이 반복된다면 좌절만 커진다. 실패를 예상하면 불안이 증가한다. 경험에서 얻는 것이 있으려면 어떤 안내가 필요하다.

아르헨티나의 위대한 작가 보르헤스(Jorge Luis Borges)는 "기억의 천재 푸네스(Funes the Memorious)"라는 경이로운 단편소설을 썼다. 이 소설은 파라과이에 사는 청년에 대한 이야기인데, 그는 야생마에 머리를 차인 다음 세세한 경험까지 기억하는 놀라운 기억력을 얻었다[1].

---

[1] Luis Borges, J. (1998). Collected Fictions (trans. Andrew Hurley). New York: Viking Press. Also see *Borges and Memory: Encounters with the Human Brain* (2012). Rodrigo Quian Quiroga. Cambridge MA: MIT Press.

> 그는 1882년 4월 30일 새벽에 본 남녘하늘의 구름모양을 기억하고 그것을 한 번 밖에 본 적 없는 스페니쉬 제본의 책에 있는 얼룩 흔적과 비교했다… 이런 기억은 단순한 것이 아니다. 각각의 시각적 영상이 근육감각, 온도 감각 등과 연결되어 있어서 그가 꿈꾸는 모든 것을 재구성할 수 있다… 그는 하루전체를 두 번 세 번 재구성했다. 그는 결코 망설인 적이 없었지만, 재구성할 때마다 온종일이 걸렸다.

보르헤스의 이야기를 최근까지 판타지라고 생각했다. 그러나 2006년에, 학자들이 AJ라고 부르는 환자의 사례연구를 발표했다. 푸네스와 무척 비슷하게, AJ는 경험한 모든 것에 대하여 기억했는데 그녀가 매일 먹었던 음식과 그때까지 가졌던 사회적 상호관계의 조그만 부분까지 자세히 기억했다. 그녀는 이렇게 말했다:

> 나는 서른네 살인데, 열한 살 때부터 나의 과거를 기억하는 믿기 어려운 능력을 가지고 있다. 기억할 뿐만 아니라 … 1974년부터 오늘 사이 아무 날이나 택해서 물으면 어느 날이 무슨 요일인지, 그날 내가 무엇을 했는지 그리고 중요한 일이라도 있었는지… 티브이에서(혹은 아무데서라도) 날짜를 보기만 하면 나는 자동적으로 그날로 돌아가 내가 어디에 있었고, 무엇을 했고, 무슨 요일이었는지 등등을 기억한다.

이런 상태를 **과잉기억증후군**(hyperthymesia) 또는 비범한 자서전적 기억이라고 부른다. 이것은 극히 드문 사례로 단지 몇몇 사람들에서만 볼 수 있다. AJ의 능력은 경이로워서 어느 정도 컴퓨터능력과 비교되는데, 컴퓨터는 껌 한통 크기의 엄지손가락보다 작은 드라이브에

(지금은 더 작아졌다) 거의 책 200만권, 노래 200곡, 사진 30만장을 저장할 수 있다. 그러나 지난 경험을 기억하는 일이 그렇게 중요하다면 과잉기억증후군이 왜 그렇게 희귀할까? 왜 우리 모두는 그와 비슷한 능력을 갖지 못했을까? 연구결과에 의하면 대부분 사람들이 과거경험에 대한 기억이 빈약하고 왜곡되기 쉽다고 한다. 한 가지 답은 우리 정신(생각)이 경험을 세세하게 기록하도록 되어있지 않다는 것이다. 우리의 정신은 진화에 의해 구체적인 문제를 해결하고 수많은 세부정보를 기억하게 되어도, 그러한 해법을 성취하는데 도움이 되지 못한다. 보르헤스는 푸네스가 하는 말에서 이것을 알았다: "나 혼자 세상이 생겼을 때부터 모든 인류가 기억한 것보다 더 많이 기억하지만… 내 꿈은 사람들이 깨어있는 시간과 같고… 나의 기억은 쓰레기 더미와 같아요." AJ도 과잉기억증후군에 대한 자신의 경험을 끔찍한 경험이라고 설명한다.

> 멈추지 않고, 걷잡을 수 없고 그리고 완전히 기진맥진하게 한다. 어떤 사람은 나를 보고 인간 캘린더라고 하고 어떤 사람은 온통 두려움에 방을 뛰쳐나가지만 이 '재능'을 알아보는 모든 사람한테서 내가 받는 반응은 총체적 놀라움이란 한가지다. 그런 다음에는 나에게 날짜를 말해대면서 나를 쩔쩔매게 하려고 하지만… 지금까지 당황해 본 일이 없다. 다들 재능이라고 하지만 나는 짐이라고 생각한다. 날마다 내 인생 전부를 머리 속에서 살펴보고 있는데 그것이 나를 미치게 한다!!!

자신의 상태에 고심하고 있는 것은 AJ 혼자만이 아니다. 2013년 NPR의 기사에 따르면 55명의 과잉기억증후군이 확인되고 있으며,

대부분이 우울증으로 고심한다고 한다.

우리의 정신이 작용하는 방법에 대한 또 다른 예가 얼굴인식 문제 해결에 있다[2]. 얼굴인식은 특히 어려운 정보처리문제임에도 불구하고, 인간은 얼굴인식에 엄청나게 능숙하다. 예전에 1966년에는 우리가 "할머니 세포(grandmother cell)"라는 복잡하지만 구체적인 개념이나 대상을 나타내는 가상의 신경세포를 가지고 있다는 생각을 했다. 이 세포는 사람이 자기 할머니 얼굴 같은 구체적인 물체를 보거나, 듣거나, 혹은 그 외 감각으로 식별할 때 활성화 된다. 그러나 발표된 얼굴인식세포 대부분이 구체적인 지각표상을 나타내지 않기 때문에, 다시 말하면, 크기, 방향, 색깔의 변형에 관계없이 한 얼굴에만 제한적으로 선택되어 활성화하는 세포가 아니기 때문에 할머니 세포가 아니다. 가장 선택적인 얼굴인식세포조차 보통, 더 약하게 개별적인 얼굴의 다양성에 대하여 반응하지 않는다. 그래도 사람들은 아주 조금씩 다른 수천의 얼굴들을 식별해내고, 더욱이 우리는 수없이 다른 상태에서 똑 같은 얼굴을 알아보아야 한다. 우리가 얼굴을 볼 때마다, 우리 시야에서 방향이 다르고, 밝기, 위치, 메이크업, 혹은 그늘이 다르다. 우리가 어느 특정한 신경세포의 감각 경험만을 근거로 얼굴을 인식하려고 한다면 비참하게 실패할 것이다. 매번 얼굴을 볼 때마다 얼굴의 정확한 이미지를 기록하기 보다는 얼굴에 대하여 가지고 있는 얼굴의 깊은 성질을 가려내야 한다. 이것으로 우리는 사람의

[2] Maurer, D. & Mondloch, C. J. (2002). The many faces of configural processing. *Trends in Cognitive Science*, 6(6), 225–260.

얼굴을 다른 사람과 구별한다. 서로 다른 이목구비의 상대적인 위치가 얼굴인식의 중요한 면이다. 우리는 두 눈 사이의 거리, 혹은 입, 코, 그리고 두 눈의 수직적 배열에서 작은 변화들을 끌어내는 것 같다.

얼굴인식과 같은 복잡한 기능은 얼굴을 알아볼 때 감각 속으로 들어오는 정보의 홍수로부터 더 깊고, 더 추상적인 정보를 추출해 내는 능력을 가졌느냐에 달려 있다. 우리는 하나의 장면으로부터 빛, 소리, 그리고 냄새를 단순히 기록하는 대신, 경험하고 있는 세상의 깊고, 추상적인 성질에 반응해야 한다. 이렇게 해야만 우리가 효과적으로 활동해야 할 상황에서, 전에 한 번도 접해보지 않은 새로운 상황에서조차, 놀랍도록 미묘하고 복잡한 유사성과 차이를 찾아낼 수 있다.

추상적인 정보는 엄청나게 복잡하게 배열된 가능성 중에서 관심을 갖고 있는 정보를 가려내는 지침으로 이용할 수 있으므로 도움이 된다. 안면인식에서 사실인 것은 또한 다른 지각경험에서도 사실이다. 우리는, 예를 들면, 추상적 정보를 이용해서 익숙한 멜로디를 알아차린다. 브람스의 자장가를 들어봤다면, 연주하는 음정이나 악기, 또는 연주에 오류나 실수가 있어도 자장가를 알아차리는데 문제가 없다. 귀에 익은 곡을 알아보게 하는 것이 무엇이든 그것은 과거에 그 곡을 들어본 특정한 경험의 기억은 아니다. 그것은 틀림없이 상당히 추상적인 어떤 것이다. 우리가 알아차리지도 못한다는 사실에도 불구하고, 우리는 인식활동 내내 그러한 추상적 정보에 의존한다.

보르헤스는 모든 것을 기억하는 것은 우리 정신이 가장 잘하는 것 — 풍부한 경험의 배열로부터 정보를 끌어내는 것 — 과 모순된다는 것을 알았다. 이것이 퓨네스가 그의 정신을 "쓰레기 더미"라고 묘사했던 이유다. 너무나 구체적인 세부정보로 가득했기에 일반화하거나 이해하기가 불가능하다. 그가 만나는 다리 넷 달린 털난 생명체들이 모두 같은 종류의 짐승이라는 것을 이해하지 못했다.

> "그에게 플라톤식의 일반화에 대한 생각은 거의 불가능했다는 것을 잊지 말자. 그는 일반적인 상징인 '개'가 서로 다른 다양한 크기와 형태의 개체들을 포괄한다는 것을 이해하기 어려웠을 뿐 아니라, 3시 14분에 옆에서 본 개가 3시 15분에 앞에서 본 개와 똑같은 이름을 가져야 하는 것이 성가신 일이었다."

우리들 대부분이 자서전적 기억을 가지고 있지 않은 것은, 그렇게 진화했을 경우 훨씬 성공적이기 않기 때문이다. 우리 정신은 경험으로부터 가장 쓸모 있는 정보를 가려내고 남은 정보는 뒤로 남겨버리는 활동을 선택하느라고 분주하다. 모든 일을 기억하는 것은 우리가 새로운 상황이 과거상황과 어떻게 비슷한지 어떤 종류의 행동이 효과적일지 인식할 수 있는 더 깊은 추상적 원리에 집중하는데 방해가 된다. 세부정보를 저장하는 것은 종종 효과적으로 행동하는데 불필요하다. 필요한 것은 일반적으로 넓은 그림이다. 기억이 세부정보들의 쓰레기더미 같았던 과잉기억증후군이나 '기억의 천재 푸네스'의 사례에서처럼 때로는 세부정보를 저장하는 것이 역효과를 낳는다. 그러나 문제를 해결할 때는 중요한 정보를 기억하는 것이 우리에게 도움이 되고 때로는 기억이 원하는 곳에 있지 않을 수도 있다. 기억력을 개선하는 방법에 대한 전략은 제 5장을 참조하기 바란다.

행동의 논리

우리가 효과적인 행동을 택하기보다 다른 능력을 선호하는 환경에서 진화해 왔다면 아마 지금 하는 것과는 다른 종류의 논리를 따랐을 것이다. 운으로 좌우되는 게임의 도박으로 보상받는 세계에서 진화해 왔다면 아마 확률분포와 통계법칙에 대하여 완전하게 추론할 수 있었을 것이다. 연역적 추론으로 정의되는 세계에서 진화해 왔다면 아마 셜록홈즈처럼 연역적 결론에 도달하는 달인이 되었을 것이다. 대부분의 우리는, 왓슨박사처럼 이와 같은 정신적 활동 모두에서 비참하다(달인이 되려면 상당한 훈련이 필요하다). 그 대신 우리는 **행동의 논리**(logic of action)가 지배하는 세계에서 진화했다. 행동의 논리에는 행동의 결과를 상상하는 것이 들어있다. 거친 면에 성냥을 그어대면, 우산 없이 빗속을 걸어가면, 또는 예민한 친구에게 잘못을 말하면, 무슨 일이 일어날지 상상할 수 있다. 그런 상황에서는 어떤 상태의 세계를 생각하고, 그 상태를 바꿀 행동의 결과를 상상한다. 우리가 쉽게 또는 자연스럽게 찾지 못하는 다른 종류의 추론도 있다. $\sqrt[3]{8743}$ 에 대한 추론을 하기는 어렵다. 양자역학에 대한 추론도 어렵다. 카지노에서 다음번 베팅에 우승할 확률을 예측하는 것도 어렵다. 실제로, 공간추론하기가 어려울 수 있다. 네바다의 르노는 캘리포니아의 로스앤젤레스에서 동쪽에 있는가, 아니면 서쪽에 있는가? 미시간의 디트로이트는 캐나다의 토론토에서 북쪽에 있는가, 남쪽에 있는가? 모든 것을 다 잘할 수는 없기에 그런 어려운 상황을 안내해 줄 특별한 전략이나 관점이 필요하다. 우리는 세상이 어떻게 작동하는지에 대한 추론 ㅡ 효과적인 행동에 대한 인과추론 ㅡ에 탁월하다[3].

예를 들어, 우리는 가장 단순한 논리 원리, **긍정논법**(modus ponens)을 알아보고 이해할 수 있다. 아래에 있는 추상적인 예와 내용이 있는 예를 보아라(제3장도 보라).

추상	**내용 있을 때**
1. *A*이면 *B*이다.	1. 비가 내리면, 나는 젖는다.
2. *A*이다.	2. 비가 내린다.
3. 그러므로 *B*이다.	3. 그러므로 나는 젖는다.

문제없다; 이것이 사고하는 타당한 방법이고 결론은 정확하다. 하나의 사건이 발생하면 특정한 두 번째 사건이 뒤따른다. 이 논리가 가장 단순한 연상적 사고의 기저를 이루고, 행동면에서 경험의 많은 부분을 인지하고 이해하는 방식을 지시한다. 그러나 이런 단순한 종류의 사고가 잘못된 길로 이끌 수 있다. 다음 추론을 보자.

추상	**내용 있을 때**
1. *A*이면 *B*이다.	1. 비가 내리면, 나는 젖는다.
2. *B*이다.	2. 나는 젖는다.
3. 그러므로 *A*다.	3. 그러므로 비가 내린다.

대부분의 사람들은 문제가 추상적으로 제시되면, 이것이 타당한 사고방식이고 결론이 정확하다고 생각하지만, 그렇지 않다. 이런 사고형식을 후건긍정의 오류(logical fallacy of affirming the consequent)라고

---

[3] Cummins, D. D., Lubart, T., Alksins, O. & Rist, R. (1991). Conditional reasoning and causation, *Memory and Cognition*, 19(3), 274–282.

한다. 즉, "젖음"의 결과가 처음 전제, "비가 내리는" 것이 참임을 의미한다고 단정하거나 받아들이는 것이다. 그러나 젖는 것은 다른 여러 사건의 결과일 수 있다. 호수에 빠질 수도 있고, 물벼락을 맞을 수도 있다. 긍정논법은 명백하고, 알아보고 이해하기 쉽다. 앞서 일어난 사건으로부터(비가 내린다) 뒤따라 일어나는 사건이다(젖는다). 이런 방식의 사고에서는 순방향으로 인과관계를 추론한다. 결과를 단언하는 것(내가 젖는다, 그러므로 틀림없이 비가 내린다)은 명백하지 않고 "젖었다"는 상태로부터 젖는 것의 가능한 원인이 무엇이 될지 역방향의 추론이 필요하다. 순방향 인과추론은 명백하고 이해하기 쉬우며 직관적이지만, 역방향 인과추론은 진단에 의해서 연달아 일어나는 사건을 관찰하는 것 이상을 요구한다. 반례(비가 오지 않았다면 무슨 일이 있었을까?)나 대안적 가능성(그밖에 무엇이 젖게 할 수 있을까?)을 생각할 필요가 있다. 이러한 양방향 사고, 순방향 인과관계와 진단에 의한 역방향사고는 경험에 관한 두 가지 매우 다른 사고방식을 보여준다. 첫 번째인 순방향 인과관계사고는 쉽고 매우 자연스러워 보인다. 두 번째인 진단에 의한 사고는 어렵고 보통 시간, 전략, 또는 안내로서 어느 정도 훈련이 필요하다.

순방향과 역방향의 인과추론

인과추론은 인간 인식작용의 기본이다. 우리의 정신이 가장 잘 하는 일이다. 그렇지만 그 모든 면이 똑 같이 쉬운 것은 아니다. 우리는 순방향이나 역방향 모두 추론할 수 있다. 순방향 인과추론은 원인이 결과를 어떻게 만들어내는가에 대하여 사고하는 것이다. 오늘 일이 어떻게 내일 일의 원인이 되는지 미래를 예측하는데 사용한다. 또한 일이 어떻게 작동하는지 생각하는데 사용한다. 예를 들면, 특정한 키를 어떻게 누르면 컴퓨터가 특정한 기능을 수행한다. 논리적 원리의 예인 긍정논법에는 순방향 인과추론이 필요하다. 역방향 인과추론은 결과에서 원인으로 추론하는 것이다. 의사들이 증상의 원인을 진단할 때 이 추론을 하고 정비공이 차량문제를 진단할 때 이 추론을 한다. 역방향 인과추론은 일어난 일이 어떻게 일어나게 되었는지를 생각해 내는 것이다. 순방향 추론 – 원인에서 결과 –이 결과에서 원인으로 하는 역방향 추론보다 더 쉽다. 예를 들면 복통을 앓는 사람은 위궤양이 있다고 결론을 내리는 것보다 위궤양이 있는 사람은 복통을 앓게 된다고 말하는 것이 의사에게 더 쉬운 일이다. 복통의 원인에는 고려해야할 다른 가능한 원인들이 많이 있다. 결과로부터 가능한 원인을 찾는 역방향 인과추론이 더 많은 시간이 필요한 어려운 일이다. 그럼에도 불구하고 역방향추론은 인간으로서 우리를 특별하게 만드는 것으로, 다른 어떤 생물이 인간처럼 효과적으로 역방향 추론을 할 수 있는지는 분명하지 않다.

역방향 추론에 대한 아이디어는 수학문제 해결에 매우 도움이 된다. 외견상 이 문제해결전략에 대한 제목만 보면 혼란스럽다. 이것은 절차에 대하여 익숙하지 못하기 때문이다. 학교에 처음 다니기 시작할 때부터 학생들은 일반적으로 가능한 한 가장 간단하고 똑바르게 문제해결을 하도록 배웠다. 이것이 전형적인 수학교과서 문제가 의도하는 해법의 방식이다. 불행하게도, 이른 바 "문제해결"의 상당한 부분을 이렇게 기계적으로 한다. 학생이 한 절에 있는 문제를 힘겹게 해내면, 교사는 대개 "모범 해법"을 제시하고, 그 절의 남은 문제를 같은 방법으로 해결한다. 학생들에게 창의적인 사고를 거의 요구하지 않는다. 사실 우리는 이러한 것을 문제라고 생각조차 하지 않는다. 대신 반복적인 사용을 통해서 특정한 해법을 강화하는 단순한 목적의 문제를 연습문제(exercise)라고 부른다. 보통 고등학교 기하시간에 학생들에게 처음으로 증명을 하라고 하면, 학생들은 문제를 성공적으로 해결하기 위해 먼젓번의 절차를 단순히 반복하는 방법을 또 다시 찾는다. 우리는 학생들이 한낱 기계적으로 수학을 배우는 것의 가치에 의문을 제기하도록 하려고 한다. 그러면 그런 학생은 여기서 제안하는 문제해결전략, 즉 **거꾸로 풀기**(working backwards)를 더욱 잘 받아들일 것이다.

시간표를 짜는 것은 거꾸로 풀기전략을 사용한 또 다른 실생활사례이다. 정해진 시간까지 완수해야 할 다양한 과제들에 대한 스케줄을 세울 때, 해야 할 일, 모든 작업을 완료해야 할 시간, 과제마다 걸릴 시간을 정하고 시작한다. 그래서 거꾸로 생각해서, 과제마다 시간 "틈새자리"를 할당하고, 그 작업을 시작할 적절한 시간에 도달한다 (이렇게 하는 방법에 관한 더 많은 정보는 제5장을 보라).

거꾸로 풀기전략은 교통조사에서도 매일같이 널리 활용된다. 경찰이 교통사고를 접했을 때 사고원인을 알기 위해서는 교통사고 발생 시간으로부터 거꾸로 조사하기 시작해야 한다. 충돌 직전에 방향을 바꾼 차가 어느 차인지, 누가 누구를 부딪쳤는지, 잘못한 운전자가 누구인지, 사고발생시 날씨는 어떠했는지, 등등, 사고를 재구성해야 한다.

학생들이 전형적인 교과서 연습문제에서 많이 보는 절차를 살펴보면, 때로는 매우 유용한 기법이 나와 있다. 불행하게도, 흔히 이것들을 학생이 당연한 것으로 받아들여 주의를 끌지 못하고 만다. 학생들은 그렇게 해보란 말이 없을 때에도 역순으로 추론할 필요가 있다. 명백한 사례는, 또다시 고등학교 기하시간에 증명할 때 학생이 사용해야 할 절차이다. 다른 것을 하기 전에 무엇을 증명하려고 하는지를 먼저 점검하고 시작해야 한다. 그래서 증명하려는 선분의 합동은 두 삼각형이 합동임을 증명하면 그것으로부터 나온다. 이것은 이번에는, 이 삼각형이 합동이려면 필요한 부분을 학생에게 찾아보도록 한다. 이런 식으로 계속하면 학생은 주어진 정보를 점검하게 된다. 이것이 본질적으로 거꾸로 풀기이다. 목표가 하나일 때, 그러나 가능한 출발점은 많이 있으므로, 영리한 문제해결자는 원하는 결론으로부터 주어진 정보가 도달하는 곳까지 거꾸로 풀기를 시작한다.

여기서는 종점(증명되어야 할)이 유일하게 있고 시작점에 이르는 길이 다양할 때 거꾸로 풀기전략이 바람직하다는 것을 강조한다. "순방향으로 푸는" 방법은 여전히 문제해결에 이용되는 가장 자연스러운 방법이다. 사실, 순방향으로 푸는 것이 대부분의 문제해결에 사용하는 방법이다. 모든 문제를 거꾸로 풀기전략으로 풀어야 한다고 말하는 것은 아니다. 오히려 자연스런 접근(보통 "순방향")으로 점검한 다음, 거꾸로 전략이 더 효율적인지, 더 흥미롭거나 문제를 더 충족하는 해법인지 알아보기 위해 시도해 볼 수 있다,

한 도시에서 다른 도시에 도착하는 가장 효율적인 경로를 결정하는 최선의 접근법은 출발점이나 목적지(종점)에 접속되는 도로의 수에 달려

있다. 출발점에서 나가는 도로가 적을 때에는 보통 순방향 방법이 훨씬 좋다. 그렇지만 출발점에서 나가는 도로가 많이 있고 목적지로 도착하는 도로는 하나나 둘만 있을 때, 여행을 계획하는 효율적인 방법은 지도 위의 이 마지막 목적지의 위치에서, 거꾸로 출발지를 향해 가장 똑바로 갈 수 있는 길을 결정하는 것이다. 계속해서 이 방법(즉, 거꾸로 풀기)으로 하면 출발점에서 쉽게 도착할 수 있는 익숙한 도로에 도달하게 된다. 이 단계에 이르면 매우 조직적인 방법으로 여행을 계획할 수 있다.

거꾸로 풀기가 유리한 실생활 상황을 생각해 보자. 한 세일즈맨이 멀리 떨어진 도시에서 약속이 있는데 돌아와서 회의에 여유 있게, 그러나 너무 일찍은 아니게, 참석할 수 있을 정도로 비행기편을 결정해야 한다고 하자. 그는 비행기 스케줄을 점검하고 약속시간에 가장 가까운 도착시간부터 시작한다. 정시에 도착할까? 너무 빠듯하지 않을까? 그래서 그는 다음으로 빠른 도착시간을 알아본다. 이 시간이면 적당할까? 일기관계로 딜레이 된다면? 다음으로 빠른 비행기는 언제지? 그래서 거꾸로 풀기로 세일즈맨은 약속시간에 갈수 있는 비행기편을 결정할 수 있다.

전략게임 "NIM"은 거꾸로 풀기 전략을 사용하기에 적합한 또 다른 훌륭한 예다. 이 게임의 한 버전으로, 두 사람이 마주 보고 그들 사이에 이쑤시개 32개를 쌓아놓는다. 한 사람씩 번갈아가며 1개, 2개, 또는 3개씩 이쑤시개를 가져간다. 그렇게 하여 이쑤시개를 마지막으로 가져가는 사람이 이기는 게임이다. 32개에서 거꾸로 풀기를 해서 게임을 이길 수 있는 전략을 만들어보자(즉, 이기기 위해서는 28번째 이쑤시개를 집어야 하고, 24번째를 집어야 하고, 등등). 이런 방법으로 마지막 목표인 #32로부터 해나가면 28번째, 24번째, 20번째, 16번째, 12번째, 8번째, 4번째를 집어가면 이길 수 있다. 그러므로 이길 수 있는 전략은 상대에게 먼저 하도록 하고, 앞에서 보인 전략대로 하는 것이다.

"입구"에서 시작해서 방들을 지나 "출구"를 나갈 때까지 모든 방의 숫자의 합이 50이 되는 길을 찾아라(그림 6.1을 보라).

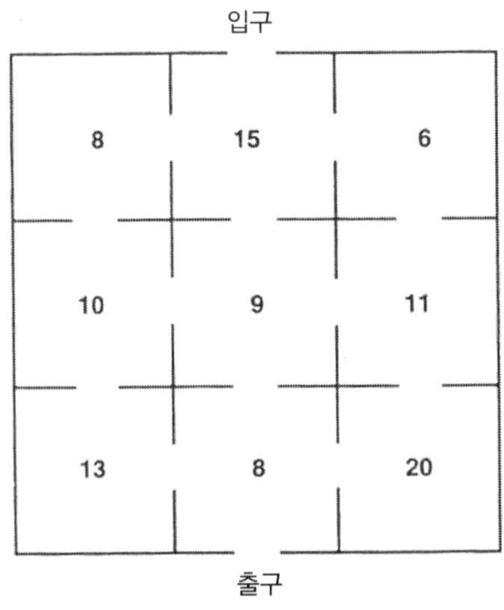

‖ 그림 6.1 ‖

풀이 당연히, 시행착오법을 사용해서 순방향으로 해나가면 우연이겠지만 결국 정확한 길을 찾을 것이다. 그러나 거꾸로 풀기 전략을 사용하면, 매우 간단히 문제를 해결할 수 있다. 어느 길을 택하건 입구와 출구 옆에 있는 15와 8을 지나야 한다는 것은 금방 안다. 이것은 15+8=23을 사용해야 한다는 의미다. 그래서 통과

해야 할 합 50−23=27이 아직 남았다. 이제 8+10+9=27임을 아는 것은 그렇게 어렵지 않다. 그래서 맞는 길은

입구 15 → 8 → 10 → 9 → 8 출구.

이 문제는 단순히 시행착오를 사용해서 입구에서 출구까지 순방향으로 푸는 것보다 거꾸로 풀기 전략이 훨씬 다루기 쉽다.

다음 문제도 거꾸로 풀기 전략으로 훨씬 쉽게 해결할 수 있는 또 다른 예이다.

에벌린, 헨리, 그리고 앨이 게임을 한다. 라운드마다 진 사람은 다른 두 사람에게 그 순간에 각자가 가진 만큼의 돈을 주어야 한다. 1라운드에서는 에벌린이 져서 에벌린은 헨리와 앨에게 각각 그들이 가지고 있는 만큼의 돈을 주었다. 2라운드에서는 헨리가 지고 에벌린과 앨에게 각각 그들이 가지고 있는 만큼 돈을 주었다. 3라운드에서는 앨이 져서 에벌린과 헨리에게 각각 그들이 가진 만큼의 돈을 주었다. 그리고 그만하기로 했는데 그때 각자 24달러씩 가지고 있었다. 그러면 시작할 때는 각자 얼마씩 가지고 있었을까?

풀이 이 문제는 보통 미지수 3개와 방정식 3개로 된 연립방정식으로 시작한다. 그렇게 하면 물론 풀린다. 그렇지만 뺄셈을 수없이 하고 괄호를 풀고 식을 간단히 해야 하므로, 마지막에 구한 방정식이 틀리기 쉽다. 정확한 방정식을 구했다 해도 연립해서 풀어야 한다.

라운드	에벌린	헨리	앨
시작	x	y	z
1	$x-y-z$	$2y$	$2z$
2	$2x-2y-2z$	$3y-x-z$	$4z$
3	$4x-4y-4z$	$6y-2x-2z$	$7z-x-y$

이로부터 다음 연립방정식을 얻는다.

$$4x-4y-4z=24,$$
$$-2x+6y-2z=24,$$
$$x-y+7z=24.$$

연립방정식을 풀면, $x=39$, $y=21$, $z=12$. 그러므로, 에벌린은 39달러, 헨리는 21달러, 앨은 12달러씩 가지고 시작했다.

문제가 스토리의 끝부분 상황("각자 24달러씩 가지고 있다")을 말하면서 시작할 때 상황("시작할 때 각자 얼마씩 가지고 있었을까?")을 묻고 있다는 것을 이해해야 한다. 대개 이것은 거꾸로 풀기전략을 사용할 수 있다는 신호가 확실하다. 이 전략이 문제를 얼마나 쉽게 풀 수 있게 하는가 보자. 각자 마지막에 가진 24달러에서 시작한다.

	에벌린	헨리	앨
3라운드 끝	24	24	24
2라운드 끝	12	12	48
1라운드 끝	6	42	24
시작	39	21	12

시작할 때 에벌린은 39달러를, 헨리는 21달러를, 그리고 앨은 12달러를 가지고 있었다. 문제를 대수적으로 풀었을 때 얻은 답과 같다.

직관적 사고와 신중한 사고

고전과 현대의 철학과 심리학을 관통하는 두 가지 서로 다른 종류의 사고 사이에 다음과 같은 차이점을 볼 수 있다. 노벨경제학상을 수상한 카너먼(Daniel Kahneman)은 최근 그의 저서 **빠른 사고와 느린 사고**(Thinking Fast and Slow)에서 이 차이를 부활시켰다[4]. 이 차이는 여러 이름으로 불리어 왔다. 연관 대 규칙 기반, 시스템1 대 시스템2, 직관 대 신중, 빠른 사고 대 느린 사고. e로 시작하는 동물이름을 대보자. 대부분의 사람들에게 "elephant(코끼리)"가 머리에 떠오른다. 직관적 사고는 즉시 답을 제공한다. 노력이 필요 없다. 어떻게 이 답을 생각하게 되었는지도 가까스로 의식한다. 또는 애너그램(철자순서를 바꾼 단어) *initiutve*을

[4] Kahneman, D. (2011). *Thinking Fast and Slow*, New York: Farrar, Straus.

해독하면, 반응할 방법을 의식하지 않고도 불가사의하게 “intuitive”란 단어가 나타난다. 이제, 조금 더 어려운 애너그램, *vaeertidebli*를 생각해보자. 만일 이것을 풀었다면, 그 결과와 해답에 이르게 된 과정에 대하여도 의식했을 것이다(“deliberative”를 얻기 위해). 철자를 옮기는 과정을 거의 이해했을 것이다. 마찬가지로, 어려운 산술문제를 풀 때, 과정을 따라가며 각 단계를 의식한다. 인과추론과 관련해서 직관적 사고에는 순방향 사고가 따른다(글자 e는 이름이 e로 시작하는 동물로 element를 떠오르게 한다). 반면 신중한 사고에는 전형적으로 역방향 인과추론이 따른다(vaeertidebli를 해결하려고 할 때, vae가 아닌 글자로 시작하는 단어부터 생각할 수도 있다). 더구나, 빠르고 직관적으로 얻은 결론이 조심스럽고 신중하게 얻은 결론과 언제나 같지는 않다. 때때로 직관적으로 얻은 결론은 충돌을 일으키고 좀 더 느리게 노력하고 숙고한 결론으로 대치된다. 직관은 빠르게 결론이 나오지만 신중함은 망설이게 한다.

이들의 차이는 일상용품이 어떻게 작동하는지를 물어보면 알 수 있다. 사람들에게 자전거, 지퍼, 변기 같은 일상적 사물이 어떻게 작동하는지 물어보면, 그에 대한 전형적인 설명을 한다. 그러나 자전거, 지퍼, 또는 변기가 실제로 어떻게 작동하는지 자세히 설명해달라고 하면, 설명이 피상적이거나 부정확하다. 이 차이를 **설명 깊이의 착각**(illusion of explanatory depth)라고 한다[5]. 이 착각은 매우 간단한 방법으로 쉽게 증명해 보일 수 있다. 참가자에게 일련의 간단한 질문을 한다.

---

[5] Rosenbilt, L. & Keil, F. (2002). The misunderstood of folk science: An illusion of explanatory depth. *Cognitive Science*, 26(5), 521–562. 또한 Keil, F. & Wilson, R. A. (2002). *Explanation and Cognition*. Cambridge, MA:MIT Press를 보라.

1. 크기가 1에서 7까지 지퍼가 어떻게 작동하는지 이해하고 있는가?
2. 지퍼가 어떻게 작동하는가? 지퍼가 작동하는데 관련된 모든 단계를 할 수 있는 한 자세히 설명하여라.
3. 이제, 똑 같은 1부터 7까지 크기에 대하여 지퍼가 어떻게 작동하는가에 대한 자신의 지식을 평가하여라.

공부한 사람이라면 지퍼에 대해 알고 있는 것을 자신 있게 주장한다. 그러나 지퍼공장에서 일하지 않는다면, 두 번째 질문에 대응할 말이 별로 없을 것이다. 그러므로 지퍼에 대한 자신의 이해에 대한 평가를 요구하는 세 번째 질문에 자신의 평가를 낮게 할 것이다. 응답자들은 일관되게 자신의 평가를 낮춤으로써 조금 더 겸손함을 보였다. 지퍼가 어떻게 작동하는지 설명해보려 한 후 대부분의 사람들이 자신들이 아이디어가 별로 없다는 것을 깨닫고 자신의 지식에 대한 평가를 한두 점 낮추었다. 응답자들은 지퍼가 어떻게 작동하는지 실제보다 더 잘 이해하고 있다고 생각했음을 시인했다. 사람들이 자신의 지식을 낮추어 평가했을 때, 그들은 본질적으로 "생각한 것보다 내가 아는 것이 더 작구나"라는 말을 하는 것이다. 일류대학과 지방대학 모두 학부생이나 대학원생에게 피아노 건반, 수세식화장실, 실린더 자물쇠, 헬리콥터, 수정시계, 재봉틀에 대하여 질문했을 때 비슷한 결과가 나왔다. 마찬가지로, 조세정책, 외교관계, GMO(유전자변형농산물), 기후변화, 자기자금과 같은 복합적인 문제에 대하여 질문했을 때에도 매우 강하게 나타났다.

설명 깊이의 착각 현상에 대한 한 가지 해석은 사물이 어떻게 작동하는가에 대한 첫 번째 질문에서 자신들이 알고 있는 것을 과대평가한다는 것이다. 이는 일어나는 일에 대한 직관적 이해를 근거로 첫 번째 답을 했기 때문이다. 직관적 인과추론은 사물이 어떻게 작동하는가에 관해 사람들이 아는 것에 대하여 피상적인 평가를 제공한다. 어떤 사물이 어떻게 작동하는지 자세하게 설명하라고 하면, 조작과 작동하게 하는 원인에 대하여 더 신중하게 생각해야 한다. 이렇게 사고이동을 한 다음에 자신의 지식을 재평가하면 자신이 알고 있는 것에 대한 평가를 낮게 한다. 설명 깊이의 착각은 직관적 정신의 산물이다. 우리는 사물이 어떻게 작동하는지에 대하여 자동적으로 쉽게 생각한다. 그러나 신중히 생각할 때 착각은 부스러진다.

직관적 사고와 신중한 사고 사이의 차이를 이해하는 또 다른 방법은 **인지반영검사**(Cognitive Reflection Test)를 하는 것이다. 이 검사는 세 문항으로 되어있다. 첫 문항은:

> 배트 한 개와 공 한 개 값이 11,000원이다. 배트값이 공값보다 10,000원 더 비싸다. 공 값은 얼마일까?

대부분 사람들에게 즉각 떠오르는 답은 1,000원이다. 진짜 질문은 답에 대한 자신의 일차 직관을 그대로 받아들이는가 아니면 그것을 검토하는가이다. 만일 검토한다면, 공값이 1,000원이고 배트값이 공값보다 10,000원 비싸므로 배트값은 11,000원이 되고 둘을 합하면 12,000원이 되는 것을 알 것이다. 그래서 답은 1,000원이 아니다. 적은 비율의 사람들이 자신의 답을 검토하고, 1,000원이 답이 아니라는 것을 깨닫고 바른 답(500원)을 계산해냈다. 이들은 자신의 직관적 반응을 억누르고 반응하기 전에 신중히 생각한 것이다.

그러한 상황은 백화점세일에서도 볼 수 있다. 백화점광고에 의하면 연중 모든 품목을 10% 할인판매하고 특별공휴일에는 그 위에 20%를 더 할인해 준다고 한다. 대부분 사람들은 직관적으로 자신들이 30%할인받는다고 생각하지만, 사실 10%할인과 20%할인을 연달아 받으면 실질적으로 28%할인받는 것과 같다. 왜냐하면 20%할인은 할인받은 값에 적용되기 때문이다. 그러므로 원 가격에서 20%를 할인받는 것보다 적게 할인받는 것이다.

두 번째 문항은 직관적 사고와 신중한 사고 사이의 비슷한 갈등을 제공한다.

> 호수에 연잎으로 덮힌 구역이 있다. 날마다 이 구역의 크기가 두 배로 불어난다. 연잎이 호수 전체를 덮는데 48일이 걸린다면, 호수 절반을 덮는 데는 얼마나 걸릴까?

대부분의 사람들에게 떠오르는 답은 "24"다. 만일 연잎이 덮은 구역이 날마다 배로 불어나고 24일째 되는 날 호수 절반을 덮는다면, 25일에는 전부 덮을 것이다. 그러나 문제에서 48일 걸려서 호수를 덮는다고 하였다. 그래서 24는 정답이 될 수 없다. 정답은 완전히 덮기 하루 전, 47일이어야 한다. 마지막 문항은 처음 두 문항과 비슷하다.

> 기계 5대로 부품 5개 만드는데 5분 걸린다. 기계 100대로 부품 100개 만드는데 몇 분 걸릴까?

정답은 100이 아니다, 대부분 그렇게 생각하겠지만. 기계 한 대로 부품 한 개 만드는데 5분 걸리므로, 정답은 5분이다.

이 세 문항의 공통점은 머리에 곧바로 오답이 떠오른다는 것이다. 정답을 얻으려면 직관적인 답을 억제해야 하고, 계산도 얼마간 해야 한다. 대부분 성가신 걸 싫어한다. 사람들은 직관적인 답을 억제하고 정답을 찾기 위해 신중하게 생각하기보다는 직관적인 답, 머리에 떠오르는 첫 번째 답을 불쑥 말한다. 미국인들의 매우 큰 집단에서 20% 미만이 세 문항의 정답을 말하였다. 수학자와 공학자가 시인이나 화가보다 좋았지만, 아주 좋지는 않았다. 매사추세츠 공대생의 약 40%가 세 문항 모두 맞았고 프린스턴 대학생은 26%만 그러했다.

인지반영검사는 처음 머리에 떠오르는 것을 대답하는 사람과 답을 말하기 전에 반영하는 사람을 구별한다. 신중한 사고에 더 의존하여 반영하는 사람, 직관에 더 의존하여 덜 반영적인 사람. 반영적인 사람은 추론을 수반하는 문제를 풀 때 더 신중하게 하는 경향이 있어 실수를 줄이므로 직관적인 사람보다 함정에 빠질 가능성이 낮다. 그들은 덜 충동적이고 문제를 풀 때 해법을 제안하는 위험을 무릅쓰며 더 큰 보상을 바라며 더 오래 기다린다. 다른 연구에 의하면 반영적인 사람은 세부정보를 갈망한다는 것이 밝혀졌다. 각 생산품에 대한 세부정보의 양이 다르게 설명된 여러 상품광고를 보여주었을 때, 더 반영적인 참가자는 광고내용이 더 자세한 상품을 선호하였다. 인지반영검사에서 점수가 낮게 나온 사람은 훨씬 자세하지 않은 설명을 선호했다. 그리고 이 토론과 관계된 사실로서, 더 반영적인 사람(검사에서 스코어가 높은 사람)이 설명 깊이의 착각 정도가 덜 반영적인 사람보다 적다는 것이다. 직관은 우리에게 단순화되고 거친 분석으로 정당한 분량보다 더 많이 알고 있다는 착각을 일으킨다. 그러나 신중하게 사고하면, 실제로 아는 것이 얼마나 조금이고 사물이 얼마나 복합적인지 알게 된다.

기준율과 공변 무시하기

직관적 사고의 중심에는 공변이 있다. y가 존재하면 x가 존재할 경향이 있고, x가 없으면 y도 없을 때 x와 y가 공변한다고 한다. 공변은 예언하는데 중요하고 인과관계를 세우는데 필요하다(예: 제3장을 보라). 교육은 고임금 직업으로 연결되고, 아침식사를 잘하면 하루 종일 기분 좋다. 이런 방식의 사고는 직관적이고 자연스럽게 느껴지지만, 실수나 잘못된 결론으로 이어질 수 있다. 우리는 때때로 의심스러운 것이 단 하나거나 전혀 의심스럽지 않은 곳에 관계가 있다고 생각한다. 키 큰 사람과 더 쉽게 사랑하게 되지 않을까? 세로줄무늬 옷이 더 날씬해 보일까? 엘리베이터 단추를 계속 누르면 엘리베이터가 더 빨리 올까? 아무 관계도 없는데 공변을 본다면, **공변의 착각**(illusion of covariation)으로 인한 트릭에 빠진 것인데, 이는 매우 흔한 일이다.

공변의 착각은 **로르샤흐검사**(Rorschach test)를 사용한 고전적 연구에서 입증되었다[6]. 로르샤흐검사에서는 잉크반점 그림을 보여주며 설명해 보라고 한다. 임상심리학자는 서로 다른 반응타입 중에서 패턴을 찾아 설명을 검사한다. 예를 들면, 로르샤흐 카드를 설명하면서 운동을 말하는 것은 상상력과 풍부한 정신생활을 나타내며, 카드에서 흰 여백을

---

[6] Chapman, J. & Chapman, L. J.(1971). Test results are what you think they are. *Psychology Today*, 5, 106–110.

설명하는 반응은 반항적인 것을 나타낸다. 이 연구에서, 허구적인 반응은 짐작컨대 반응을 만든 사람의 설명과 병행한다. 예를 들어, 한 기록물은 다른 사람이 그에게 가려고 나갔다고 생각하는 사람에 기인한다. 또 다른 것은 "다른 남자에게 성감"을 갖는 사람에 기인한다. 기록물과 성격묘사를 랜덤하게 짝을 지은 다음 그 짝을 로르샤흐검사에 대한 경험이 전혀 없는 학부생과 로르샤흐검사에 대하여 경험이 많은 훈련받은 임상심리학자 집단에게 보여주었다. 놀랄만한 발견은 조사한 정보 사이에 관계가 없다는 사실에도 불구하고, 두 집단 모두 특정한 반응과 특정한 성격묘사 사이에서 공변을 보았다는 것이다. 예를 들면, 두 집단 모두 특정한 반응이 성적 성향을 나타내는 것으로 보았다. 두 집단 모두에게 이 패턴은 착각에 불과하고, 실제 짝에서는 존재하지 않았다. 실제로 존재하지 않는 패턴의 가능성을 본다는 점에서 두 집단이 다르지 않았다. 경험하지 않은 학부생이나 경험이 있는 임상의 모두 똑 같이 공변의 착각에 빠졌다. 투자에 대해 주장하는 금융설계사나 암을 진단하는 의사 사이에서도 비슷한 공변의 착각이 일어나는 것이 발견된다. 이러한 오류는 조심하려고 최선을 다할 때(정확한 수행에 현금보너스를 제안할 때)에도 일어난다.

공변의 착각이 지속적으로 일어나는 이유는 사람들이 제시된 모든 증거 중 자신들의 이전 기대치에 따라 편향된 일부만을 고려하기 때문이라고 설명할 수 있다. 증거에 대한 이런 편향된 평가가 잘못된 판단의 확실한 이유다. 앞에서 말했듯이 이 선택적 과정을 **확증편향**(confirmation bias)이라고 한다. 자신의 신념에 저항하는 증거보다 자신의 신념을 확인해주는 증거에 더 반응하는 경향이다(제3장을 보라). 예를 들어, 큰개가 사납다고 믿고 있다면, 실제로 사나운 큰개와 다정한 작은개를 의식할 가능성이 더 많다. 그런 개의 표본을 보게 되면, 이런 개를 인지하여 기억하고, 다정한 큰개와 사나운 작은개는 눈길을 주지 않는다. 개의 크기와 성질 사이의 공변을 추정하라고 하면, 그 관계를 과대평가할 것이다.

공변에 대한 평가는 어떤 일이 일반적으로 얼마나 빈번하게 발생하는가에 대한 **기준율정보**(base-rate information)를 무시한 결과로 이해할 수 있다[7]. 어떤 질병을 치료하는 신약을 테스트한다고 상상하고, 한 연구결과가 그 약을 복용한 환자의 70%가 질병에서 회복한 걸 증명했다고 하자. 그것만으로 이 정보를 처리할 수 없는데, 일반적으로 사람들이 이 질병에서 얼마나 회복하는지 알아야하기 때문이다. 만일 그 약을 복용하지 않고도 전반적인 회복율이 70%라고 판명된다면, 신약은 전혀 효과가 없다. 고전적 연구로 사람들이 기준율정보 위에서 쉽고, 분명한 답을 선호한다는 것을 알았다[8]. 참가자들에게 질문했다:

> 70명의 변호사와 30명의 기술자가 있는 집단에서 임의로 한 사람을 택하면, 그의 직업은 무엇일 것 같은가?

또 다른 집단의 참가자들에게 똑같은 질문을 했는데, 기준율정보를

[7] Fredricks, S. (2005). Cognitive reflection and decision making, *Journal of Economic Perspectives*, 19(4), 25–42.

[8] Kahneman, D. & Treversky, A. (1973). On the psychology of prediction, *Psychological Review*, 80, 237–251.

주지 않고 대신 선택한 사람의 개인적 성격을 간단히 설명했다. 설명의 일부는 그 사람이 법률가나 기술자 또는 중립적 사람임을 암시하는 정형화된 이미지였다.

당연히 사람들은 얻을 수 있는 정보를 이용했다. 특정 직업의 확률을 추정하는데 첫 번째 그룹에서는 기준율정보를 이용하고, 두 번째 그룹에서는 성격묘사를 이용했다. 세 번째 그룹에는, 두 종류의 정보를 모두 주었으므로, 참가자들이 기준율과 간략한 설명을 모두 추정하는데 이용할 것이라고 예상했다. 그러나 세 번째 그룹은 설명적 정보에만 의존하고 기준율은 무시했다. 그들은 변호사가 70명이고 기술자가 30명이든, 혹은 변호사가 30명이고 기술자가 70명이든 상관하지 않고, 똑같은 방식으로 설명을 근거로 응답하였다. 그러므로 톰이 변호사인가를 물으면, 참가자는 자신의 변호사에 대한 아이디어와 톰이 얼마나 닮았는지를 자신에게 묻고 기준율정보는 무시한다. 유사함을 근거로 판단하는 것이 직관적이고, 빠르고, 힘이 들지 않는다. 기준율정보를 근거로 판단하는 것은 시간과 노력이 필요한 신중한 사고다.

결론

요약하면, 우리는 문제에 대하여 두 가지 방식의 타당한 사고를 할 수 있다. 때로는 분명한 정보를 근거로, 빠르고 힘이 들지 않는 직관적 사고에 의지한다. 이런 타입의 사고는 종종 유용한 반면, 오류를 범하기 쉽다. 다른 방식은 문제에 대하여 더 신중한 방식으로 사고한다. 이 타입의 사고는 느리고, 더 애를 써야 하고, 더 정확하다. 언제 직관적 사고를 사용하고 언제 더 정확한 신중한 사고를 해야 할까? 어느 정도 직관적 사고를 수용할지 또는 더 신중한 사고로 옮겨갈지는 선택의 문제다.

신중한 사고가 매우 강력하지만, 선택이 허용되면 쉽고 빠른 방식의 사고를 선택하는 경향이 있다. 사용할 사고의 타입이 어떤 단서에 의해 촉발될 수 있다. 문제를 해결하고 판단할 때 시간적 압박이 있으면 빠르게 직관적 사고를 사용하려는 성향을 유발한다. 그에 반해서 판단의 과정에 집중하면 더 신중한 사고로 시작한다. 예를 들어, 경험에 의하면 대학의 인지학 과정에서 교수가 답이 쉽고 명백해 보이는 질문을 하면 대부분의 학생들이 즉시 의심스럽게 생각한다. 그렇지만 시간압박과 주의집중과 같은 요인이 전부가 될 수 없다. 왜냐하면 때로는 서두르고 집중하지 않은 사람이 올바르게 일을 해내는데, 문제해결에 시간도 있고 집중한 사람이 실수하기 때문이다. 신중한 사고를 촉발할 수 있는 힌트가 있다. 예를 들면, 기준율정보를 무시하는 경향에 대처하면 이런 실수를 피할 수 있다. 문제를 제시할 때 기준율정보를 곧바로 주면 기준율에 대한 민감성을 높일 수 있다. 또한, 정보를 퍼센티지(1.2%)나 소수(0.012) 형태로 주는 것보다 빈도수(1000번 중 12)로 줄 때 기준율정보를 더 의식한다. 문제를 제시할 때 찬스를 강조하면, 증거를 더 요행이나 우연이라고 생각하고 신뢰할 만한 패턴이 아니라고 여기기 쉽다. 게다가 증거를 쉽게 이해할 수 있는 통계로 제시하면 판단은 더욱 신중하고 정확하며 직관적 오류가 줄어들 수 있다. 예를 들어, 운동경기에서 선수의 제1쿼터 활동기록이 바로 증거(다른 쿼터의 기록을 반영하지 않을 수도 있다)의 샘플임은 상대적으로 분명하다. 또한 스포츠 경기에서 기록은 점수로 측정할 수 있다. 그에 반해서, 고용주가 10분간 인터뷰한 것이 바로 증거의 "샘플"이고, 다른 인상은 다른 샘플(다른 날 인터뷰했거나 다른 상황에서 그 사람을 보았거나)로부터 올 수도 있다는 것을 알기는 어렵다. 그리고 인터뷰동안 고용주가 받은 인상을 수량화하기가 어렵다. 그러므로 문제해결은 문제가 어떻게 제시되느냐에 따라 정확성이 가감될 수 있다.

문제해결과 의사결정에서 신중한 사고를 사용하는 일은 문제상황과 문제가 제시되는 방법 요인에 의존하는 것이 분명하다. 문제를 해결할 때 신중한 추론을 사용하려면 신중한 교육이 필요하다. 교육을 받으면 정확한 해법을 구할 때 문제의 복잡성을 이해하는데 필요한 기능을 사용할 수 있다. 판단에는 항상 실수가 나온다. 그러나 그런 오류는 판단을 결정하는 우리 능력의 깊은 결함의 결과가 아니다. 대신, 문제상황이 우리의 신중한 사고능력을 촉발시키지 않기 때문에 대체로 오류가 발생한다. 그리고 다양한 환경에서 더 나은 판단을 할 수 있도록 가장 유력하게 이런 현상을 개선할 수 있는 것이 교육이다. 판단오류를 제거하거나 신중한 사고의 성공을 교육이 보장하는 것은 아니다. 그러나 올바른 교육은 그러한 오류를 일으킬 위험을 줄일 수 있다.

찾아보기

심리로 접근하는 문제해결

성공적인 수학적 사고의 배경

초판발행 2021년 03월 15일

지은이 Alfred S. Posamentier · Gary Kose · Danielle Sauro Virgadamo · Kathleen Keefe-Cooperman

옮긴이 김인수

펴낸이 오판근

펴낸곳 (주) 교우

주 소 서울시 동대문구 약령시로 8 교우빌딩 2층 (주)교우

전 화 02-925-2861 / **팩 스** 02-925-2860. **편집부** 02-925-2825

홈페이지&북스토어 **www.kyowoo.co.kr** / **이메일** **kyowoo@kyowoo.co.kr**

등 록 1994년 3월 24일 제1994-000013호

ISBN 979-11-251-0328-8 (93410)

Published by Kyowoo Co., Ltd. Printed in Korea

(주) 교우는 보다 혁신적이고 참신한 도서를 다양하게 기획하고 있습니다.
책으로 펴내고자 하는 아이디어나 원고는 메일로 보내주세요.
(주) 교우는 전과정을 책임지고 최선을 다하겠습니다.

값 15,000원

교우미디어는 (주) 교우의 Imprint 사입니다.
수학정원·과학정원은 (주) 교우의 새로운 브랜드명입니다.

잘못된 책은 구입하신 서점에서 교환해 드립니다.